浙江省哲学社会科学规划
后期资助课题成果文库

朱生豪年谱长编

汪　娟　著

Zhejiang University Press
浙江大学出版社

图书在版编目（CIP）数据

朱生豪年谱长编 / 汪娟著. — 杭州：浙江大学出版社，
2021.12
ISBN 978-7-308-22053-8

Ⅰ.①朱… Ⅱ.①汪… Ⅲ.①朱生豪（1912—1944）—年
谱 Ⅳ.①K825.5

中国版本图书馆 CIP 数据核字（2021）第 251655 号

朱生豪年谱长编

汪 娟 著

责任编辑	闻晓虹	
责任校对	张培洁　黄梦瑶	
封面设计	周　灵	
出版发行	浙江大学出版社	
	（杭州市天目山路 148 号　　邮政编码　310007）	
	（网址：http://www.zjupress.com）	
排　版	杭州林智广告有限公司	
印　刷	杭州宏雅印刷有限公司	
开　本	710mm×1000mm　1/16	
印　张	13.25	
字　数	211 千	
版 印 次	2021 年 12 月第 1 版　2021 年 12 月第 1 次印刷	
书　号	ISBN 978-7-308-22053-8	
定　价	52.00 元	

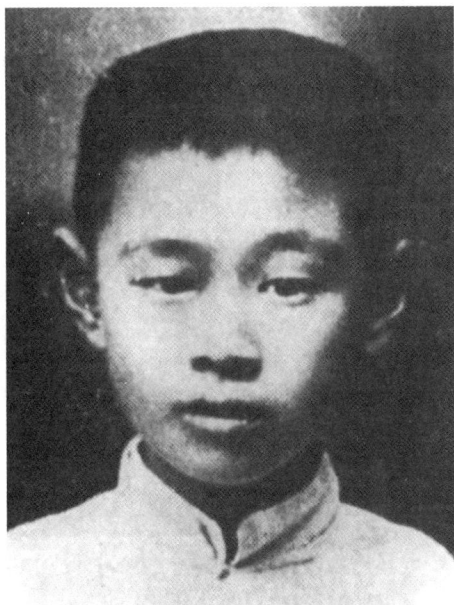

高中毕业时的朱生豪①

大学时期的朱生豪

从之江大学毕业时的朱生豪

就读苏州女子中学时的宋清如

① 此处及以下图片均由朱尚刚先生提供。

朱生豪、宋清如夫妇结婚照

朱生豪故居

重修后的朱生豪故居及立于故居前的《诗侣莎魂》铜像

朱生豪当年用的书桌

1989年12月上海翻译家协会代表赠匾 "译界楷模"

世界书局1947年版《莎士比亚戏剧全集》

朱生豪译《威尼斯商人》手稿

1933年12月朱生豪写给宋清如的信件

朱生豪1942年5月10日致岳母函

《鹧鸪天》三首，这三首词生动地描述了朱生豪、宋清如两人从相知相爱到暂时分别的过程

题 记

这里安眠着一个孤独而又古怪的孩子

鹧鸪天①

楚楚身裁可可名，当年意气亦纵横。
同游伴侣呼才子，落笔文华洵不群。
招落月，唤停云，秋山朗似女儿身。
不须耳鬓常厮伴，一笑低头意已倾。

---

① 此为朱生豪1933年夏初大学毕业，于上海世界书局工作后寄赠给宋清如的词，此首自叙是朱生豪的自画像。

前　言

朱生豪（1912—1944），生于嘉兴，逝于嘉兴。他是杰出的翻译家，他翻译了《莎士比亚戏剧全集》；他是天才的诗人，他写下的诗句显示了无尽的才华；他还是情深的爱人，他写给宋清如的情书令无数读者倾倒；他曾说"我很贫穷，但我却无所不有"。

莎士比亚曾说"在命运的颠沛中，最可以看出一个人的气节"，用这句话形容朱生豪再合适不过。浮尘回望，我们看到的是一个贫病交迫的知识分子在战火纷飞的年代，在生活条件与翻译条件都十分困难的情形下，以十年之毅力埋头译作，潜心莎学，译稿几经丢失，却毫不气馁地从头再来，翻译之魂燃烧至生命最后一刻。在朱生豪短短的三十二年岁月中，他对莎士比亚、对中国翻译事业的热爱真正达到了一种忘我的人生境界，创造了翻译史上的奇迹。

从1935年春收集莎士比亚资料起，至1944年12月与世长辞，在极端困难的条件下，朱生豪呕心沥血，翻译莎剧前后近十年，译出莎翁的悲剧、喜剧、杂剧与历史剧共三十一部半，只剩五部半没有译出。在日复一日的翻译中，朱生豪创立了其独到的翻译理念。他认为介绍莎士比亚不但要雅俗共赏，通俗易懂，而且要便于在舞台上演出。秉承着这样的观点，朱生豪采用以白话散文为主的形式译出了中国翻译史上经典的《莎士比亚戏剧全集》。他对莎剧的理解，来源于他对莎氏的真诚崇拜。他不断钻研莎剧和世界各国文学，尤其是戏剧文学。朱生豪在翻译中不囿于将原文大意译出，而是尽可能保持原作之神韵。为了能将译本搬上中国舞台，他每译一段都自拟为读者，自拟为演员，以审辨语句是否顺口，音节是否和谐。他常常与剧中人物一同哭一同笑，充分体味原作之精神，必求确切传达原作风格而后止。他在《译者自序》中说："余译此书之宗旨，第一在求于最大可能之范围内，保持原作之神韵；必不得已而求其次，亦必以明白晓畅之字句，忠实传达原文之意趣；而于逐字逐句对照式之硬译，则未敢赞同。"①

曹禺评价说："象朱生豪，更是把翻译莎士比亚作品作为终身事业，不幸旧社会恶劣环境迫使他死于贫病，差六个剧本没有完成全集的翻译。"②著名莎学家、台湾大学教授虞尔昌说："1947年秋，我国首次由当时的世界书局出版了《莎士比亚戏剧全集》译作三辑。译作传到海外，欧美文坛为之震惊，许多莎士比亚研究者简直不敢相信中国人会译出如此高质量的剧作。"③卞之琳先生论定："朱生豪年纪最轻……他在上海孤军奋战，当时在国内译出莎士比亚剧本最多，几乎全译了，他终未全竟其功而病逝。他（朱生豪）译笔流畅，为在我国普及莎士比亚戏剧做出了最大的贡献。"戈宝权说："朱生豪是位年青的翻译家，他从一九三五年起就开始搜集莎士比亚著作的各种版本，加以比较研究，并着手进行翻译……朱生豪翻译莎士比亚剧本的态度，是既认真又严肃的，因此，他的译本在当时也是比较好的。"④中国莎士比亚学会会长、著名翻译家方平指出："更值得钦佩的是，当时在上海工作的青年翻译家朱生豪开始了翻译莎士比亚戏剧全集的工程。在抗日战争期间极端困难的条件下，他凭着极大的毅力和呕心沥血的工作热忱，以及非凡的才华，在短促的一生中译成了三十一个莎剧……即便为山九仞，也已出色地完成了一份超人的工作。"⑤苏福忠认为："朱译莎剧的划时代意义在于英汉两种文字互相'移植'中的空前吻合。尽管到目前为止出了几种不同译法的莎剧版本，但是仍然没有任何一种译本超过朱生豪的译本，这是不争的事实。"⑥罗新璋先生也指出："朱生豪译笔流畅，文词华赡，善于保持原作的神韵，传达莎剧的气派，译著问世以来，一直拥有大量读者。"⑦许国璋先生在《梁实秋谈翻译莎士比亚》一文的按语中说："我们追忆往昔，对比梁、朱境遇，后者既缺图书，又无稿费可言，以一人之力，在不长的时间里完此译

① 莎士比亚：《莎士比亚戏剧全集》（第三辑），朱生豪译，上海：世界书局，1947年，《译者自序》第2页。
② 曹禺：《"有朋自远方来"——欢迎英国老维克剧团来华演出》，《人民日报》1979年11月3日。
③ 吴洁敏、朱宏达：《朱生豪传》，上海：上海外语教育出版社，1989年，引言第1页。
④ 戈宝权：《莎士比亚的作品在中国（翻译文学史话）》，《世界文学》1964年第5期。
⑤ 嘉兴市政协文史资料委员会：《嘉兴文杰》（第二集），北京：当代中国出版社，2005年，第463页。
⑥ 苏福忠：《说说朱生豪的翻译》，《读书》2004年第5期。
⑦ 罗新璋：《我国自成体系的翻译理论》，《翻译通迅》1983年第7、8期。

事，是由于什么动力？我想，首要的是天才的驱使。朱译似行云流水，即晦塞处也无迟重之笔。译莎对他肯定是乐趣也是动力，境遇不佳而境界极高。朱译不同于他人也高于他人，在此。"①

朱生豪精益求精的翻译态度、通达神韵的翻译思想、自然晓畅的翻译方法显示了他所独有的典型的朱译风格。当我们今天打开朱生豪的莎士比亚译本，《哈姆莱特》中的主人公哈姆莱特那句"生存还是毁灭"的经典独白依然吸引着读者步步追随。深得莎翁神韵的朱生豪遗译，为莎学在中国建树了第一个里程碑。朱生豪翻译莎剧的成就举世公认。黄源认为："朱译莎剧显示出译者具有精深的中国诗词的修养，他的诗才渗透在汉译莎剧的字里行间。莎士比亚是伟大的诗人，若没有相应的诗才，是无法使洋诗中化，恰到好处的。"②朱生豪正是以其中国文学的修养成功翻译了莎剧，这些都与其成长经历有着密不可分的联系，只有回到历史中，才能更好地还原他的人生之路。

黄源在《朱生豪传》序言中，开篇第一句话即为"朱生豪，在我的心目中，早该是一位树碑立传的人物"。但遗憾的是，关于朱生豪先生的研究在学界是匮乏的，目前学界的研究主要集中于三个方面：第一个方面是将他作为中国著名翻译家来研究，从他的翻译本身着手，研究朱生豪的翻译观念、翻译方法和翻译价值，专著有朱安博等的《朱生豪的文学翻译研究》（国防工业出版社，2014年）和段自力的《朱生豪莎剧翻译经典化研究》（浙江大学出版社，2015年），论文如曹禺的《曹禺论朱生豪》（载于《中华莎学》，1991—1992年的第3—4期）、方平的《朱生豪并未误译》（载于《中国翻译》1994年第6期）、朱骏公的《朱译莎剧得失谈》（载于《中国翻译》1998年第5期）、李伟民的《论朱生豪的诗词创作与翻译莎士比亚戏剧之关系》[载于《华南农业大学学报（社会科学版）》2009年第1期]、苏福忠的《说说朱生豪的翻译》（载于《读书》2004年第5期）、朱宏达和吴洁敏的《朱生豪莎士比亚戏剧的译介思想和成就》（载于《嘉兴学院学报》2005年第5期）以及贺爱军的《朱生豪的译事活动与译学见解》[载于《宁波大学学报（人文科学版）》2008年第3期]等。第二个方面是朱生豪个人的人生经历及译莎艰难岁月的历程展示，从中我们看到的是他作为中国现代知识

————————
① 柯飞：《梁实秋谈翻译莎士比亚》，《外语教学与研究》1988年第1期。
② 吴洁敏、朱宏达：《朱生豪传》，上海：上海外语教育出版社，1989年，序言第1页。

分子矢志不渝的译莎坎坷历程，如吴洁敏、朱宏达所著《朱生豪传》（上海外语教育出版社，1989年），朱生豪之子朱尚刚著《诗侣莎魂——我的父母朱生豪、宋清如》（华东师范大学出版社，1999年；商务印书馆，2016年）、《谈朱生豪》（打印本，嘉兴三人丛书工作室，2004年版）和《朱生豪在上海》（上海书店出版社，2019年）。第三个方面主要是对朱生豪生前所写的诗词、信件等史料的集中展现，如宋清如编《寄在信封里的灵魂——朱生豪书信集》（东方出版社，1995年）、范泉编选《朱生豪"小言"集》（人民文学出版社，2000年）、朱尚刚编《秋风和萧萧叶的歌》（人民文学出版社，2003年）以及朱尚刚整理的《朱生豪情书》（上海社会科学院出版社，2003年）和《伉俪——朱生豪宋清如诗文选》（中国青年出版社，2013年）。迄今为止，尚未有关于朱生豪年谱的相关著述，这不能不说是一件憾事，因此，将朱生豪的人生价值及其在中国翻译史上的璀璨光芒用年谱的形式保存，正是对他最好的怀念。

朱生豪用生命之光点亮的那些译莎诗句，在一代又一代读者的心中回响，他的才情、气节永远被我们铭记：这个世界曾经有过一个纯洁、高贵的灵魂，在中国播下了莎士比亚古老诗剧的种子，他将中国人的精神之根牢牢地扎在祖国母亲的文化土壤之中，他就是朱生豪。

撰写说明

一、本年谱全面、简明地记载朱生豪的行实、创作、译莎、生活。朱生豪每年的事迹考证出具体日期的一律加以记载，年谱所用资料均按照年、月、日的顺序编排，个别材料只知道大概年月，无法提供具体日期的，都以年、月或春、夏、秋、冬等来标示，以求谨慎。

二、关于朱生豪译莎的详细情况等均以原文进行实录，以期凸显他的最大成就；朱生豪去世后，宋清如对朱生豪的悼念之情及其为《莎士比亚戏剧全集》出版前后所做的贡献，亲朋好友的悼念、回忆之文，以及《莎士比亚戏剧全集》具体的出版过程、大型的纪事等均记录于本年谱，力求为朱生豪翻译研究提供全面的资料。

三、年谱中涉及的人物、背景情况等均在脚注中进行了介绍，凡具体引用他人的文字，基本标注了出处，年谱中一些英文单词第一次出现时以汉语进行括注。

四、附录的内容有：朱生豪所编的《莎士比亚年谱》；朱生豪译作中的经典的译文片段；朱生豪的文章《傻子在莎士比亚中的地位》；朱尚刚先生关于父亲译莎研究中的代表性文章；由朱尚刚整理的宋清如与彭重熙往来信件，对此需要说明的是，这些信件有部分属首次披露，供研究者参考。

五、现存的朱生豪书信共有三百余封（现存于嘉兴市图书馆），本年谱选取了一部分，主要突出信中关于译莎的思想。朱生豪还写过其他许多诗文作品、一些翻译作品及上海"孤岛"时期为《中美日报》写的千余篇小言，年谱罗列了其标题，部分作品在文中原文引用或进行介绍。

六、年谱的不足之处也是显而易见的，作者在撰写中深感遗憾的是，记录朱生豪人生轨迹的材料少而又少，所能查证的资料也非常有限，而且个别资料不能清晰辨别，本年谱虽历经两年之久撰写而成，有些材料仍求证困难，如有不妥之处，恳请读者批评指正。

　　总之，本年谱梳理与考证了朱生豪的家世背景、个人遭际、译莎过程和亲友关系等史料，探究了朱生豪自1935年至1944年译莎的心境、体会、经验和翻译理念，还着力表现了朱生豪在才情、性格、爱情方面的细节，冀图以事实材料钩沉朱生豪一生的岁月细节，展现历史风云中一位知识分子的心路历程。

目录

身　后

1912年（民国元年） 出生

▲1月，孙中山就任临时大总统，正式宣告中华民国成立，定都南京，定本年为中华民国元年，改用阳历。

▲2月，清朝末代皇帝溥仪宣布退位。

2月2日 朱生豪出生于浙江嘉兴西南湖畔东米棚下一个商人家庭，算命先生称其五行缺木，但可喜的是有文昌星坐命，将来必读书成材，于是取名文森。[①]按嘉兴当地的习俗，大凡男孩，家人喜欢在孩子名字某个字后加个"官"字，以示爱怜，所以家人也称朱生豪为"森官"。朱生豪诞生之日天寒地冻，其落地后差点冻僵，所幸大姑妈朱秀娟[②]协助照料，将他紧抱怀中。按照当时的传统，朱生豪的生日是用阴历年月日计算的。这一天，是辛亥年宣统三年十二月十五日。关于生日，朱生豪于1935年写给宋清如的信中提到："闻诸古老传说，我生于辛亥年丑月戌日午时，以生肖论是猪牛狗马，一个很光荣的集团！……是为宣统三年十二月十五日，因为我不愿意把自己的生日放在废朝的岁暮，做一个亡清的遗婴，因此就把它改作民国元年二月二日，实际上这二个日子在一九一二年的日历上是同一个日子。不过我不一定把这一天作为为固定的生日，去年我在九月三十过生日，因为我觉得秋天比较好一些……"[③]

嘉兴是一座历史悠久的水乡城市，河道密布，著名的京杭大运河穿城而过，

---

① 朱家取名排辈为"风树山泉宝文燮耀"，到朱生豪这一代为"文"字辈。

② 朱生豪的大姑妈朱秀娟，是仙洲公的长女（钱氏所生），为其母朱佩霞的大姐，嫁于嘉兴大族曹家。曹家祖上做过官，在嘉兴也算大户，朱秀娟之夫以教书为生，去世较早，两人育有一子两女，长女出嫁，儿子曹思泳一直处异地，小女曹思濂终生未嫁。朱生豪曾在回忆中说道："第二个表姐（即思濂）也快三十六七岁了，没有嫁人，姑母很着急，但我看来不嫁也没什么关系，此刻就是嫁出去，也不见得会嫁着如意郎君；左右替人当当家，管管孩子，有什么意思？她自己恨的是早年失学，不能自己谋生，但实在人很能干。"1941年后，大姑妈母女数度与朱生豪生活在一起。曹思濂终生未嫁，晚年由她的侄儿曹雅谷及朱生豪妻宋清如、弟朱文振等人赡养，1992年以94岁高龄在嘉兴去世。

③ 朱生豪：《朱生豪情书》，朱尚刚整理，上海：上海社会科学院出版社，2003年，第217页。

城东南的南湖因为中共"一大"在这里闭幕而闻名遐迩。从南湖往西不远又有一处比较开阔的水面，那就是西南湖。据《嘉兴市志》载：西南湖位于城南路两侧，旧时湖中有长堤，分东西两湖，称双湖……雅称鸳鸯湖（近代鸳鸯湖移作南湖雅称）。通济河从北面流入西南湖，沿着这条小河流的两岸有两条约二百米长的小街，分别称作东米棚下和西米棚下，朱生豪的家就位于东米棚下。东米棚南起梓橦阁，北至娱姥桥，全长二百余米。梓橦阁有一个小小的轮船码头，从嘉兴到绍兴以及王店等小镇去的客轮多在经过此地时稍作停留并上下客，这里有着江南水乡集市的热闹。东米棚下沿街的房屋都接有过街披棚，行人走在其间，既淋不到雨，又晒不到太阳，故称之为"棚下"。《嘉兴县志》记载，抗战前这里有"商店四家，其中米行六家，为市区主要的米市"。东米棚下的中段，有一爿三开间油坊。店堂后面有一个石板铺地的长方形天井，再后边是一排五楼五底七庐头的旧式楼房，朱生豪就诞生在这座宅子里。他回忆起自己的家："我近来对我的家很有好感……我家在店门前的街道很不漂亮，那全然是乡下人的市集，补救这缺点的幸亏门前临着一条小河，（通向南湖和运河，）常常可以望那些乡下人上城下乡的船只。"[①]

朱生豪家中记载族谱的资料非常少，能查证的是一张1925年族中的签约文件《立嗣议约》，该文件记载了朱氏的世系简谱（见图1），始祖为树村公，但其人其事，无任何流传，已无法考证。

朱家的历史能够有具体记载的从朱生豪的曾祖父朱寿泉开始。

曾祖父朱寿泉（1822—1868），妻洪太生有三子一女。朱生豪的祖父仙洲公居长，次为云峰公。云峰议定出嗣朱家老三房浩泉公，但不幸婚后仅二十二岁就早逝了。三子宝沄也早夭。家中原住在嘉兴城内南门大街某段，经营商业，一度颇具规模。太平天国军队攻占嘉兴期间（约在1860年），住房被烧毁。后来就在南门外东米棚下购地另建住宅。东至槐树头，西至东米棚下市河边，占地约一亩七分（一说为一亩九分）。此时朱家家境已经在走下坡路了，所以建造的主楼结构偏小，出檐颇低，影响了房屋的实用性和光照。园中部原来拟建一个大型厅堂，也因财力不足，结果只造了一间小型栈房。倒是临槐树头的三间楼房，凭借着朱寿泉之子仙洲公的妻子钱氏私蓄贴补，造得比较像样。新宅西

---

① 朱生豪：《朱生豪情书》，朱尚刚整理，上海：上海科学出版社，2003年，第183—184页。

2

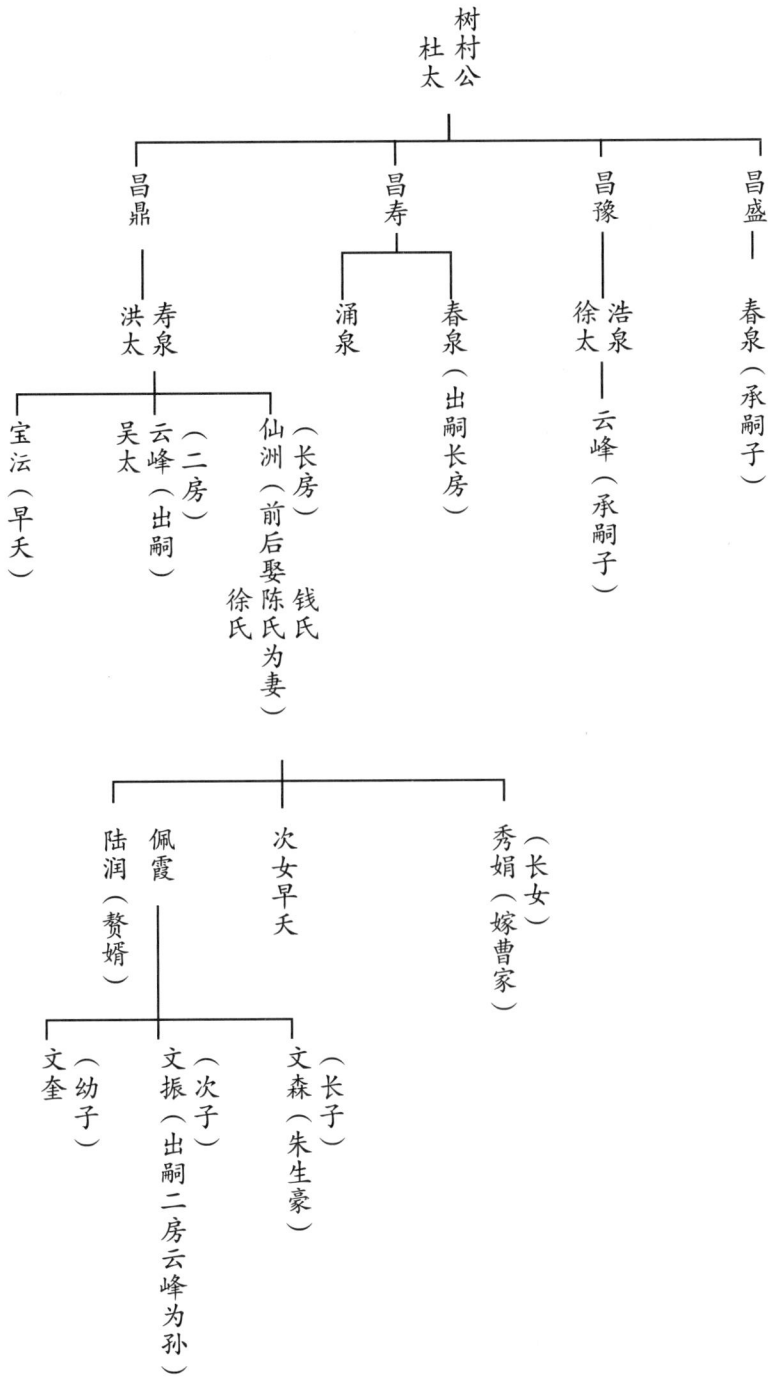

图1　朱氏世系简谱

面临街四间楼房作为店面，独资开设裕盛商号，经营油麻、铁锅、粗瓷等，属徽帮。但风云不测，可能店号遭受损害挫折，寿泉公竟吞食生鸦片自尽（约在1868年）。作为"善后"安顿，店号改为十股合资，店名改为"聚和"，朱家只占其中三股（朱寿泉长子仙洲公占两股，次子云峰公得一股）。由于朱家无人善于经营，更无法与店内实际操持经营的人员"斗法"，每年只凭主事者分给"官息"。曾祖母洪太精明能干，在家族隆盛时期襄理家务，出力不小。寿泉公亡故后，所有的家事，乃至参与商务，全都由洪太承担，勉力维持一家局面。洪太寡居约四十年，享寿八十有四。云峰之妻吴氏无子女，守寡近六十年，后由朱生豪弟朱文振承嗣为孙。洪太的女儿适顾氏、小儿子宝沄早逝，所以洪太门下只有朱生豪的祖父一门传继。

祖父朱宝濂，号仙洲，自幼年便攻读经史诗文，曾期通过科举进入仕途，后出于种种原因，未能得中秀才，但在地方颇有文名。仙洲公先后娶钱氏、陈氏、徐氏为妻，却未得男丁，所以仙洲公在以后较长的一段时期中，凡家庭大事都以"堂名"作为对外的代表，称"朱巽顺堂"。家中无男丁在当时的封建宗法制度下也给朱家带来了很大的麻烦。在仙洲公去世（时年不到五十岁）后不久，就有与仙洲公同辈的本家支族族长发难，认为仙洲公身后既无男子承继父业，就应由本支族决定承嗣人选，以继承仙洲公的家业，以后又有其子或侄反复提出强硬争议，最终夺走了东米棚下和槐树头的部分房产，后来还挑起过多次争议，直到1925年以后才平息下来。由于仙洲公身后无男丁，且朱家其他各支男丁也不多，所以由洪太做主，由待字闺中的仙洲公幼女朱佩霞招赘西塘陆润为婿，以继承家业。仙洲公之妻徐氏于1888年生女儿朱佩霞。佩霞从小禀赋聪明，由祖母洪太做主，为她择婿入赘，支撑门户。朱佩霞招嘉兴永鑫布店店员陆润（嘉善西塘人）入赘为婿。

朱生豪的父亲陆润（1886—1924），字朗轩，嘉善西塘人。青年时曾在嘉兴永鑫布店当学徒，家中兄弟共两人。婚后因不谙朱家祖传经营之油瓷店业务，且店为人操纵无从插手，就和妻子朱佩霞商量后，用所留私蓄，主要是洪太分拨遗赠的财物，在丝行街开了一家小布店。但陆润秉性忠厚，不善经营，也没有得力助手，故小布店连年亏损。后又和他人集资办小型摇袜厂，但也很快陷入困境。所投入资金，以及聚和油瓷店原属仙洲公名下之两股资产都先后抽用亏耗殆尽。至此家道中落，再难恢复祖辈的殷实门庭了。朱文振回忆："父亲陆润是赘婿店员，这身份本身就使他不无自卑，加之经商能力不高，居家时日不多，又有外人插手，所以他跟家庭的关系并不和谐。"①

朱佩霞与陆润夫妻俩共生育三子：朱生豪为长子；次子朱文振，过继给家中二房云峰叔公的妻子（称为"二婆婆"）为孙；幼子朱文奎，打算出嗣陆家，改名朱陆奎。

朱生豪的出生日期，按照他家人的说法，是辛亥年十二月十五日午时，或称辛亥年丑月戌日午时，后朱生豪把自己的生日改作一九一二年二月二日，而两者指的其实是同一个日子。朱生豪不仅自己改了生日，入小学后，又将名字改作"朱文生"，读中学后，改为"朱生豪"。②

1914年（民国三年） 2岁

1月11日　弟朱文振出生，因为朱家二房云峰公早亡无后，按家族协议，朱文振出嗣给朱家二房叔祖母吴氏为孙。

1915年（民国四年） 3岁

7月　弟朱文奎出生，因其父陆润在西塘陆家其他兄弟都未有男性后代，准

---

① 1985年春朱文振所写回忆材料，见吴洁敏、朱宏达：《朱生豪传》，上海：上海外语教育出版社，1989年，第7页。

② 朱生豪曾用过的笔名及曾用名：朱文森、朱文生、朱森豪、朱生、朱朱（《芳草词撷》所用笔名）、笑鸿（儿时图书上所用之签名）、草草（译稿所用笔名）、朱森（《生活与实践》创刊号所撰文章之笔名）、朱福全（在岳父家居住时所用名字）。

备让朱文奎将来回陆家继承香火，出嗣陆家，改名为朱陆奎（注：他后来始终未去陆家）。

1916年（民国五年） 4岁

本年 母亲朱佩霞及叔祖母开启了朱生豪的启蒙教育，始读《千字文》《百家姓》。母亲每天督促他描字诵书，是年，已能背诵《三字经》《神童诗》等。朱生豪每天习字背书，聪敏好学，进步很快。在当时，嘉兴地区以经商为重，朱文振在1973年3月19日给宋清如的信中曾提到："……书读到一定阶段，比如小学毕业，就找一家合适的'字号'去当学徒，然后一步步上升，最终的目标是当'老大'（即经理）。因为经理的收入比有些老板还好，这是当时家庭妇女们都知晓的。这个所谓'理想'，跟我家曾祖父经商得过利，后来虽然下了坡，却多少还留下一点'家底'，大概也有点关系。"[①]对于朱生豪来说，情况却不同，母亲朱佩霞极为重视他的教育，千方百计让他走读书人的路。

1917年（民国六年） 5岁

秋 入嘉兴开明初级小学读一年级，由朱文森改名朱文生。开明初级小学位于嘉兴南门外梅湾街。梅湾街东起南当弄，西止娱姥桥，与东米棚下相接，离朱生豪的家较近。朱生豪因入学后读书认真，成绩一直名列前茅，被老师选拔为班长。

---

① 吴洁敏、朱宏达：《朱生豪传》，上海：上海外语教育出版社，1989年，第9页。

1919年（民国八年） 7岁

▲5月4日，五四运动爆发。嘉兴的中学生也上街宣传、游行，声援北京学生运动。

秋 读初小三年级，极喜读书，夜读不辍。每天吃过晚饭，他便独自上楼，点上油灯，一个人兴致勃勃地开始读书，不论寒暑，从不间断。母亲为此在房门上贴对联一副："惜花春起早，爱月夜眠迟。"

9月 弟朱文振入读开明初级小学，与朱生豪同校。

1920年（民国九年） 8岁

本年 读《山海经图说》《三国演义》《聊斋志异》《西汉演义》，并阅读母亲珍藏的弹词宝卷《赵五娘》《玉蜻蜓》《地方小调大全》和佛教宝卷《目莲救母》等。朱文振回忆："他在夏天晚上，一般总要点上煤油灯看一两个小时书，有时还要朗读或吟咏。蚊子叮也不顾。由于他皮肤不好，搔一处破一处，一个夏天下来，两腿全是斑斑点点的疤痕。这个印象至今仍很清晰。"①童年的阅读使朱生豪视野开阔，也为他奠定了深厚的文学功底。

在朱生豪的记忆中，童年的家简直如在童话中一般可爱，是他人生最初的乐园。朱生豪写道："一生中最幸福的时间，便是在自己家内过的最初几个年头……我家全部面积，房屋和庭院各占一半，因此空气真是非常好，有一个爽朗的庭心，和两个较大的园，几个小天井，前后门都有小河通着南湖，就是走

---

① 吴洁敏、朱宏达：《朱生豪传》，上海：上海外语教育出版社，1989年，第10页。

到南湖边上也只有一箭之遥。想起来，曾有过怎样的记忆呵。前院中的大柿树每年产额最高记录曾在一千只以上，因为太高采不着给鸟雀吃了的也不知多少，看着红起来了时，便忙着采烘，可是我已五六年不曾吃到自己园中的柿子了。有几株柑树，所产的柑子虽酸却鲜美，枇杷就太酸不能吃。桂花树下，石榴树下，我们都曾替死了的蟋蟀蜻蜓叫哥哥们做着坟。后园的门是长关的，那里是后门租户人家的世界，有时种些南瓜大豆青菜玉蜀黍之类。后园的井中曾死过人，禁用了多年，但近来有时也汲用着，不过乘着高兴而已，因为水是有店役给我们在河里挑起来的。有时在想像中觉得我的家简直有如在童话中一般可爱，虽然实际一到家，也只有颓丧之感，唤不起一点兴奋来。"①

朱文振曾回忆说："我们兄弟幼年、少年时期的家庭环境是很'封闭'的，长辈只有父母和叔祖母三人。……鉴于上两代男丁交游零落，且到中年又都病故，所以'世交'几乎都断绝了来往，这样就更没有人来帮助突破这种沉郁的气氛了。……母亲和叔祖母教导我们都以斯文、不惹事、规规矩矩为准则，唯恐再遭欺侮，再受灾难，因为她俩都经受了家道的衰落和亲人的夭折。另外，我家住宅前后都有屋与街道隔开，与左邻右舍也有围墙为界，大人小孩不大与邻人交往，这样家中自然就形成一种拘谨自守的内钦风气。这对诸儿产生了长远的影响。"②

1921年（民国十年）　9岁

▲7月23日，中共"一大"召开。7月31日，最后一次会议转移到嘉兴南湖举行。

---

① 朱生豪：《朱生豪情书》，朱尚刚整理，上海：上海社会科学院出版社，2003年，第183—185页。

② 吴洁敏、朱宏达：《朱生豪传》，上海：上海外语教育出版社，1989年，第43页。

6月 初小毕业，获甲等第一名，保长按当时习俗为他送红纸报单。

秋 考入嘉兴国民第一高级小学①，因学校离家太远，朱生豪开始寄住在北门芝桥街大姑妈朱秀娟家中，由朱文生改名朱生豪。〔注：关于朱生豪改名一事，其子朱尚刚先生在访谈中说，对父亲名字的沿革，他始终没有完全弄清，家中现存的一本中学教材《新式算学教科书》扉页上写有"朱森豪"的钢笔字，后又有毛笔加写的"文森"（见图2）。还有一本小说《埋石弃石记》封面也写有毛笔的"朱森豪"（见图3），那应该是高小后期或初中才可能看的。〕

图2 《新式算学教科书》扉页

图3 《埋石弃石记》封面①

1922年（民国十一年） 10岁

本年 高小二年级，于黎锦晖主编的《小朋友》杂志发表诗歌一首。朱生豪大量阅读了《小朋友》《儿童世界》《葡萄仙子》等白话文的儿童读物。同学

---

① 嘉兴当地颇有影响力的一所学校，成立于1903年，在嘉兴以教育管理严格、教学水平较高著称，对学生功课要求严格，尤以国文和英文为最，英文用《英文津逮》为教材，与当时某些初中所用教材相同。当时高小学制为三年，1924年开始实行新学制，高小改为两年。

② 图2、图3均由朱尚刚先生提供。

钱浩回忆说："当时大家都称他是班里的'好官官'。"①

夏 母亲朱佩霞腿上生疮，又因早产得了褥病（孩子未能成活），一病不起。父亲陆润开办的布店和袜厂先后倒闭，不得已去嘉善某布店当店员谋生。母亲把重振家业的希望寄托在儿子的身上，经常哭着叮嘱朱生豪："长大一定要争气啊！"

12月 母亲朱佩霞病故，终年34岁，临终前将祖母洪太留赠给她的金银首饰委托于大姐朱秀娟，讲定专供朱生豪读书之用，并将珠花一枚，留赠给将来的儿媳。

朱生豪在给宋清如的信中记叙了母亲去世时的情景："整个白天悠长地守完了，吃夜饭时大家分班看守着，我们正在楼下举筷的时候，楼上喊了起来，奔上去看时，她已经昏了过去，大家慌成一片，灌药掐人中点香望空磕头求天，我跪在床前握住她的手着急地喊着，她醒过来张眼望了我一望，头便歪了过去，断气了。满房间里的人都纵声哭了起来，我们都号啕着在楼板上打滚，被人拖了出去，好几天内都是哭得昏天黑地的。放进棺材之后，棺中内层的板一块块盖了上去，只露着一个面孔的时候，我们看见她脸上隐隐现出汗珠，还哭喊着希望她真的会活过来，如果那时她突然张眼坐了起来，我们也将以为自然而不希奇的事，但终于一切都像噩梦一般过去了。此后死神便和我家结了缘，但总不能比这次的打击更大。"②

1923年（民国十二年） 11岁

9月 大弟朱文振入高小，与朱生豪同寄宿于芝桥街大姑妈家中，只有每周末两人才回东米棚下。其弟朱文振曾回忆说："姑妈家里的人以老年寡妇为主，

---

① 吴洁敏、朱宏达：《朱生豪传》，上海：上海外语教育出版社，1989年，第11页。"好官官"在嘉兴方言中指品学兼优的男孩子。

② 朱生豪：《朱生豪情书》，朱尚刚整理，上海：上海社会科学院出版社，2003年，第238页。

邻里亲戚往来也以婆婆妈妈为多。大多经济拮据，无所事事，又都十分小气。在这个家庭中，吵嘴赌气是常事，叉麻将则是最经常的消遣。"① 在姑妈家嘈杂的环境中，朱生豪常躲在楼上读书。

1924年（民国十三年） 12岁

春 父陆润身染重病，从嘉善返回家中后不久病故，终年39岁。成为孤儿的朱生豪三兄弟，暂由81岁高龄的叔祖母二婆婆照管。

父亲去世之后，朱生豪家里的房子一部分自居，一部分出租，一爿油行与家中地皮一年收入统共不过三百块钱，全部充作家中伙食和祭祀用。母亲留下的千把块私蓄，一直维持朱生豪从中学到大学毕业，弟朱文振的求学则依赖他承袭的叔祖名下的少量遗产。

夏 朱生豪以第一名的优异成绩高小毕业，考入嘉兴秀州中学②。

9月 就读秀州中学初中二年级。嘉兴在1924年以前实行的是壬子癸丑学制：初小四年，高小三年，中学四年。1924年开始实施1923年颁布的壬戌学制，规定初、高中各为三年，而这时小学学制已改为初小四年、高小二年了，新学制扩大了中学段，缩短了高小段，因此在过渡时期将原学制的高小毕业生和新学制的初二年级相衔接，朱生豪恰逢学制改革，高小毕业后插班入初中二年级。③

朱生豪插班的班级为二九级，据同学徐载清写的一九二九级级史记载："本

---

① 朱尚刚：《诗侣莎魂——我的父母朱生豪、宋清如》，北京：商务印书馆，2016年，第13页。

② 秀州中学由美国基督教南长老会创办，英文教育水平高是其一大特点。当时的英文教学由校长窦维斯夫妇等外籍教师担任，窦维斯是杜威弟子，在教育理论上主张"生活化教育"，他设计了各种学生课外活动，如灭蝇、筑路、办平民夜校、游艺、演说等，窦维斯后调去之江大学。秀州中学曾被陶行知誉为"平民教育的策源地"。

③ 据《秀州钟》1929年建校三十周年纪念刊上记载："……是年秋季……取消初小部，专力于初中、高中两部……原有之高小二年为初中一年，以上类推，所缺一年之程度，须在暑期学校内补足且须经过新学制之入学考试。"《秀州钟》是秀州中学校刊，于1922年4月1日由该校青年会、爱国会、校友会等联合创办。每年出刊一期，至1946年停刊，共出刊18期。

级同学四十有八人，皆来自远方，虽非兄弟，然感情恍同手足，亲昵异常。遇事辄和衷共济。级中组织自治会，内容完备，有新闻报，俾同级人略知国家大事；有演说会以练习口才，有阅书社以补学科之不足；有努力办刊，以交换智识。此外，又有足球、篮球会，以锻炼身体、强健筋骨，希成一勇敢而有为之青年。同人年虽幼而切爱母校之心不落后人。"①秀州中学的各种活动，朱生豪并不是一位积极的参加者，他酷爱国文、英文，不喜体育，图书馆成为朱生豪最喜爱的地方，在那儿，他开始涉猎中外名著。

1925年（民国十四年） 13岁

6月 秀州中学二九级同学合影，朱生豪穿一件黑布长衫，脸庞稚气而清秀，他是班上年纪最小的一位，小小的个子却站在最后一排，其表姐曹思濂后来回忆说："每逢照相，森弟总不愿意参加；实在无法，才勉强站到最后的一排，前排是决计不肯站的。"②这是朱生豪少年时代的唯一留影。

7月至8月 与弟弟们创办《家庭小报》，朱生豪精心设计报头，抄录、擘画栏目等一手包办，发动大家投稿，实际上多数稿子由他自己撰写，署名"笑鸿"。朱文振回忆："内容主要是诗作。总起来看大约他（按指朱生豪）占三分之二到四分之三，其余是我的习作。还有少许'家庭新闻'，比如种花啦！养鸡啦！他虽不管这些'业余活动'，却有兴趣写点报道。生豪还写过童年的回忆，写母亲的叮咛，写老师的教诲；大学时代还探讨过人生的哲理。至于排版、缮写基本上由他一人包干。每逢寒暑假兄弟在一起时'出版'，直到一九三三年七月，生豪就业后停刊。这小报大概也是生豪思想感情'发言'的场所，也是他一再集纳自己诗作的初版'园地'。这小报延续多年，早期多少有些少年文学的味道，后来大概也反映了'新月派'对生豪的影响，最后两三年则多数是不易

---

① 刊于《秀州钟》1925年第4期。
② 吴洁敏、朱宏达：《朱生豪传》，上海：上海外语教育出版社，1989年，第23—24页。

看懂的，如《绿色的笑》等等，这是之江后期的诗作。版面格式也一再改进，反映了生豪编写工作的认真不苟。"①

1926年（民国十五年） 14岁

本年　照顾朱生豪三兄弟的叔祖母病故，享年83岁。朱生豪秀州中学同学黄竹坪②曾回忆："我们只见他穿着孝鞋，而且一双双地更换着颜色（按当地习俗，为不同的长辈戴孝时，须穿不同颜色的鞋）。"自此之后，朱氏三兄弟由曹家的大姑妈和表姐曹思濂照管。

朱生豪从高小到中学，几乎大部分时间都寄住在大姑妈家，对此，他说："我不大喜欢她家，因为她家在城内，房子不很大，因人多很有些挤，而且进出的人很热闹，我老是躲在楼上。……喧噪代替了冷静，城市人的轻浮代替了乡下人的诚朴，天天不断着牌声。谈起姑母家的情形，也很是一幕有趣的包罗万象的家庭的悲喜剧。"③在姑母家的二楼，朱生豪有时会大声唱英文歌曲，姑母称他说起话来声音很小，像蚊子叫，唱歌时声音却很高亮。

7月　初中毕业，升入秀州中学高中部，弟朱文振考入秀州中学初中部。黄竹坪回忆："朱生豪性孤独。秀州时就独来独往，沉默寡言。极聪敏，但心中似有隐痛。"④

———————

　　① 吴洁敏、朱宏达：《朱生豪传》，上海：上海外语教育出版社，1989年，第28—29页。1963年暑假，朱尚刚与母亲宋清如回嘉兴老宅整理旧物时发现了几本由朱文振整理装订成册的《家庭小报》，后带到杭州，在"文革"中被抄走。
　　② 黄竹坪，又名黄定安，后与朱生豪从秀州中学一起升入之江大学。
　　③ 朱生豪：《朱生豪情书》，朱尚刚整理，上海：上海社会科学院出版社，2003年，第183、185页。
　　④ 吴洁敏、朱宏达：《朱生豪传》，上海：上海外语教育出版社，1989年，第43页。

1927年（民国十六年） 15岁

本年 秀州中学在高中阶段分设文理二科，朱生豪选修文科。

据《秀州钟》建校三十周年纪念刊记载，朱生豪在秀州中学所读文科课程："高一为史书、元明清文选及作文、习字……高二为经书、唐宋文选及作文……高三为子书、秦汉文选及作文……选课高中文科必修者有文学概论、文字学、文学史……"高中国文课由曹之竞①先生教授。曹之竞在文学上造诣极深，不但指导朱生豪在中国传统文化上打下扎实的基础，而且倡导新文化，讲授白话诗，在文学概论课程中，向学生积极传播近代西方的文艺思想和观点。这样，朱生豪在学习中国传统文学时，也接受了新文学、新思想。他习作新诗，亦有翻译外文诗。

3月 于校刊《秀州钟》（第6期）发表诗歌《城墙晚眺》，诗中描写了他登上城墙时看到的景色及引起的联想，诗绪中流露出与其年龄不相称的哀伤："河水静静的流着；/凉风冷冷的吹着；/人呢，/为何尚未回家？"

1928年（民国十七年） 16岁

4月 于校刊《秀州钟》第7期发表诗歌《柳荫中》，诗中描写了春天迷人的景色，充满了人生的惆怅。同期发表的短剧《英雄与美人》描写了项羽和虞姬的死别之情，这是朱生豪对戏剧文学萌发热情的阶段，从剧中人物的对白可

---

① 曹之竞，之江大学的文学毕业生，后于东南大学读研究生，1920年来秀州任职。他是朱生豪的国文教师，秀州中学校刊《秀州钟》主编，曾于1923年在上海《弥洒》杂志发表小说，即为鲁迅曾在《中国新文学大系》小说二集中提到的曹贵新。

看出他已有了一定的文字功底。在戏剧情节的设置中，虞姬执剑自刎前的大段朗诵明显有着英文课中选读的莎士比亚戏剧《哈姆莱特》的影响。另一篇议论文《建设的学生运动论》也刊发于这一刊物，文中谈到对当时学生运动的看法。

高中阶段，朱生豪已博览群书，不但熟悉了《论语》《孟子》《诗经》《楚辞》以及李白、杜甫、欧阳修、苏轼等，而且接触了新文学、新思想，特别是当时文坛的新诗作家，如徐志摩、郭沫若、闻一多等。弟朱文振回忆，"生豪从小一捧起书本，就忘记了周围的一切，连吃饭也要千呼万唤始出来。家里的事务他很少过问。大人长辈谈论'正经事'，他几乎都不闻不问，从不插嘴。入高中以后，他的诗词写作水平虽然在校内已颇为人知，但除了在《秀州钟》及以后《之江校刊》上投过几篇稿子外，据我所悉，他似乎从未向外投稿。生豪的诗作所写内容'一般是淳朴的想象，美好的理想，抒述少年的情怀，生活感受，大多是小诗。逐渐地形成了他那诗人的气质，也显示了他在诗歌方面的才华'"[1]，并提及"他喜欢反复朗读一些作品。高中时期，多次朗读《离骚》、《九歌》及郭沫若的一些诗歌"[2]。

1929年（民国十八年） 17岁

本年 于校刊《秀州钟》第8期发表两篇文章。在诗歌《雨丝》中，他写道："是和风细雨，是狂风怒雨/在我空虚的心中/曾经这样地滴滴吹吹。"另一篇诗论《古诗与引赋》约六千字，对中国古诗和赋的本质、历史发展、文学批判等方面提出了个人见解。

6月 秀州中学发放给全体初高中毕业生每人一本英文版的《圣经》，朱生豪把它当作心仪已久的文学经典作品，"所罗门是比大卫更伟大的诗人，《旧约》

---

[1] 嘉兴市政协文史资料委员会编：《嘉兴文杰》（第二集），北京：当代中国出版社，2005年，第477页。

[2] 吴洁敏、朱宏达：《朱生豪传》，上海：上海外语教育出版社，1989年，第25页。

15

中我最喜欢传道书，其次是《雅歌》，其次是《约伯记》，其次是《诗篇》。除了这四卷外，再把创世记、路得记、撒母耳书、耶利米哀歌取出；《新约》中取出约翰福音，其余都可丢到茅坑里"①。

7月 从秀州中学高中毕业，除体育不及格外，其他功课成绩优异。

在秀州中学的五年中，朱生豪英文极佳，酷爱国文，打下了坚实的中国传统文学与英文基础。

朱生豪的英文老师有窦维斯的夫人（窦维斯此时已调至之江大学任教，其夫人还在秀州中学任英文科主任）、骆之骏②。秀州中学高中阶段的英语教材有Graybill编的 *The New China* 影印本，还有李儒勉编的 *Standard English Reading*。英语语法教材选用Tanner编的 *Correct English* 影印本。据宋清如回忆，朱生豪高中时期的英文读本曾采用过英国查尔斯·兰姆姐弟改写的《莎氏乐府本事》，高中课堂上选读过莎士比亚的《哈姆莱特》《凯撒大帝》等剧本的片断。通过外籍老师及英语课本，朱生豪初次接触莎士比亚戏剧，他后来在给宋清如的信中提到："我最初读的莎氏作品，不记得是 *Hamlet*（注：《哈姆莱特》）还是 *Julius Caesar*（注：《凯撒大帝》）。*Julius Caesar* 是在 Mr.Fisher 班上读的……"③朱生豪练习的翻译文章文采斐然，校内皆知。

由于秀州中学英文师资比较强，而且英文课授时间多，教师要求严格，因而秀州中学出来的学生英文水平普遍较高，而朱生豪则是其中的佼佼者。

弟朱文振回忆朱生豪在高中时期："他已接触到好多种中国古典经史著述和诗词歌赋，以及近代的文学作品和文学以外的东西。如《胡适文存》、梁启超等人的作品、《镜花缘》、《老残游记》、《阅微草堂笔记》等等。另外，通过英文和古代汉语又直接读到了一些文学作品，其中诗词占主要地位，也旁及一些社会学、教育学、陶行知的乡村教育，还有汉译的外国文艺著作和外国史等等。总的来说，他的知识面此时已大大扩大，于文学倾向也日趋明显。在那几年，我

---

① 嘉兴市政协文史资料委员会编：《嘉兴文杰》（第二集），当代中国出版社，2005年版，第476页。

② 骆之骏，生平不详，毕业于上海沪江大学，不但英文水平高，还弹得一手好琴，因此还给学生上音乐课，教学生识五线谱，朱生豪由此学会了识谱作曲。

③ 朱生豪、宋清如：《朱生豪情书全集》（手稿珍藏本）（下），朱尚刚整理，北京：中国青年出版社，2013年，第406页。

还在家中看到过他买回来的《东方杂志》和《小说月报》。" ①

因家境贫困，朱生豪苦恼于无力升学。后经秀州中学时任校长黄式金②、教导主任顾惠人③、国文教师曹之竞等的争取与帮助，朱生豪虽体育不及格，但"破例"毕业（当时学校"借"给他一张仅用于升大学的临时文凭，作为权宜之计，但也顾全了正式毕业的原则），学校出面向同是美国基督教长老会办的之江大学提出申请全额奖学金。

敏感而内向的朱生豪在中学时期对于痛苦的感受更为深切，因此，对于秀州中学这段生活，他说："我于各个母校都深怀眷念，惟独对于秀州少有感情。"④他认为他的中学时期是人生中最枯燥颓唐的一段。

8月 朱生豪收到之江大学⑤的入学通知书。大姑母与表姐曹思濂为他置办行装，曹思濂为他赶制一件长衫、一双棉鞋、一双单鞋，长衫过于肥大，并不合体。曹思濂1985年回忆："森弟穿戴随便惯了，从没有什么要求，你给他做什

---

① 吴洁敏、朱宏达：《朱生豪传》，上海：上海外语教育出版社，1989年，第26—27页。

② 黄式金（1893—1972），字识今，江苏江阴人，1913年曾于秀州中学续学，1914年毕业。1917年在之江大学毕业后，又返母校秀州中学任教。北伐胜利，政府规定教会学校必须立案。当时美国教会有意停办秀中，黄式金（时为副校长）代表全校师生意旨，专程去上海与美国教会交涉，表示即使没有美国教会支持，全校教职工也不会让学校停办的决心，终于收回教育权，向政府立案，而他成为第一位担任校长的中国人。后又赴美读教育硕士，回国后被之江大学聘任为教务长兼教育系主任。抗战期间，黄式金在上海筹办战时华东联合大学，任文学院院长。抗战胜利后任苏州东吴大学文学院院长，1954年10月退休。1972年2月28日逝世，终年79岁。

③ 顾惠人（1901—1961），原名恩宝，嘉兴人，著名教育家。曾于秀州中学读书，后入光华大学获教育学学士学位。1927年任秀州中学训导主任，1930年任校长，努力实施"学校家庭化，生活纪律化，头脑科学化，身手平民化"的教育宗旨。1935年8月，赴美国哥伦比亚大学专攻教育，一年后获教育学硕士学位。1937年冬，于上海筹办华东联合中学，后任校长。1941年12月8日上海租界沦陷后，不屈从伪，辞职去浙江金华，后经福建至赣州，于1942年9月创办赣县基督教联合中学，收容各战区流亡青年学生。抗日战争胜利后，返回上海，继续办华东联中。1946年初，顾惠人着手恢复嘉兴秀州中学；夏，回嘉兴主持秀州中学校政。1949年后，嘉兴秀州中学改名嘉兴第二中学，顾惠人继续任校长。1961年病逝，终年60岁。

④ 宋清如1985年给吴洁敏信中所言，见吴洁敏、朱宏达：《朱生豪传》，上海：上海外语教育出版社，1989年，第34页。

⑤ 之江大学创建于1845年，最初由北长老会差会创设于宁波，名崇信义塾，当时仅是所小学。1867年由宁波迁至杭州，改名育英义塾，1897年始定名为育英书院，1906年，扩充为教会大学。至1907年购得江干六和塔西二龙头的六百多亩山地辟为校址，并先后建起甘卜堂、惠德堂、都克堂等五幢校舍。1911年2月迁徙后，更名为之江学堂。1912年12月10日，孙中山先生曾到校观校。1914年改称为之江大学。1919至1920年，校董会通过决议，继续维持该校为完全大学，授予毕业生学士学位，并在美国华盛顿注册，施行新学制，分文理二科。

么，他就穿什么。问他，他总是说'好'。"①

9月4日 朱生豪背着一卷铺盖，拎着一只小藤箱和一个装满各类书的网兜，坐火车至杭州之江大学求学。

是年，之江大学在校学生有294人，教职员39人，李培恩任校长。学校分文科、理科、商业、建筑四科，文科下设哲学、教育学、经济学、政治学、英文学、国文学六个系。朱生豪主修国文，辅修英文，兼任美籍教授宾维思的助教。国文系主任为钟钟山②先生，夏承焘③先生为朱生豪授课。与朱生豪同入国文系的，除同从秀州中学毕业的黄竹坪，还有江苏吴县的彭重熙、广东台山的刘芝田和浙江温岭的徐赞漠等人。④秀州中学同学王守伟入政治系。

之江国文系开设的必修课有国学概论、文学概论、中国文化史、诗选、文字学、声韵学、《诗经》或《左传》、词选、四六选、周秦诸子选读、经学通论等。其他还有汉魏六朝文选、散文选读、英文作文及修辞等选修课。按规定作为辅系的学生必修课要少得多，但朱生豪对英文系开设的课程也全部选读。

宋清如称："之江，那是多么富有诗意的环境。山上的红叶歌鸟，流泉风涛，江边的晨曦晚照，渔歌萤火，哪一件不使诗人们悠然神往。他在那儿孕育着，薰陶着。于是，固定了他悠闲自得，与世无争的性格。嘴边时时挂着小歌，满显着无邪的天真。但是，正因为这个太柔和的环境，才使他成为一个不慕虚荣，不求闻达的超然的人物……"⑤

11月 弟朱文振15岁，秀州中学初中毕业，因家境困难，由大姑妈托人介绍去嘉善长途电话局任接线员。

---

① 吴洁敏、朱宏达：《朱生豪传》，上海：上海外语教育出版社，1989年，第36页。
② 钟钟山即钟泰（1888—1979），江苏南京人，毕业于日本东京大学，1905至1911年任两江师范学堂日文译教，后历任安徽高等学堂教师、南京法政专门学校日文教席，1924年转任之江大学国文系教授兼系主任。深谙中国传统经学和诸子学，在国学研究方面成果众多，著有《中国哲学史》《国学概论》《荀注订补》等书。
③ 夏承焘（1900—1986），中国当代著名词学家，以考信求实的态度对待传统词学，在词体、词乐、词律、词史等方面进行开拓与创新，为词学事业做出了很大贡献。
④ 参见吴洁敏、朱宏达：《朱生豪传》，上海：上海外语教育出版社，1989年，第38页。
⑤ 宋清如：《朱生豪与莎士比亚》，《文艺春秋》1946年第2卷第2期。

1930年（民国十九年） 18岁

9月　朱生豪为弟朱文振申请入之江大学附中读书。

11月5日　夏承焘批阅朱生豪试卷后，在日记中写下："夕阅考卷，朱生豪不易才也。"①

12月8日　夏承焘日记记载："阅卷，嘉兴朱生生豪读晋诗随笔，极可佩，惜其体弱。"②

1931年（民国二十年） 19岁

本年　之江成立学生自治会，朱生豪被推举为学术部长。学生自治会下设研究、出版、体育、游艺四个股，组织一些学术、体育、文艺等活动。

在之江大学的学习中，朱生豪研读了古今中外大量的原著，阅读范围广泛，且独爱诗歌，中国古代诗人李白、陶渊明都为他所喜爱，对他影响最大的是英国诗人雪莱、济慈、拜伦等。③朱生豪不仅读诗，而且写下大量诗歌，古体、近体、新诗、长短句，各具风骨，不落俗套。其才情闻名之江，被师友们公认为"之江才子"。

该年，于1933级文科同学会的文艺刊物《汹涛》（此刊因经费问题，只出一期后即停刊）发表《中国的小品文》。

---

① 夏承焘先生于《天风阁学词日记》中记录了他在之江大学任教期间对学生朱生豪的印象。此处出自夏承焘：《天风阁学词日记》，杭州：浙江古籍出版社，1984年，第163页。

② 夏承焘：《天风阁学词日记》，杭州：浙江古籍出版社，1984年，第176页。

③ 朱生豪、宋清如：《伉俪——朱生豪宋清如诗文选》，朱尚刚整理，北京：中国青年出版社，2013年，第128页。

1月13日　夏承焘日记:"夜阅文科学生试卷,朱生豪止十八岁(注:实为二十岁),真可倾佩。"①

5月16日　作长诗《火化的诗尘呈友人》,5月29日修改删节,全诗共118行,发表于1931年《之江年刊》。

6月8日　夏承焘日记:"阅朱生生豪唐诗人短论七则,多前人未发之论,爽利无比。聪明才力,在余师友之间,不当以学生视之。其人今年才二十岁,渊默如处子,轻易不肯发一言。闻英文甚深。之江办学数十年,恐无此未易才也。"②

6月16日　夏承焘日记:"阅卷甚忙。朱生豪读词杂记百则,仍极精到,为批十字曰:审言集判,欲羞死味道矣。"③

6月18日　夏承焘日记:"朱生豪谓'数峰清苦,商略黄昏雨',白石词格似之。此语甚当。"④

9月22日　学生自治会组织反日委员会(24日改名为"抗日救国会"),朱生豪被选为委员,负责文书股。

朱生豪在《抗日救国会小史》中记录如下:

中华民国二十年九月二十二日午十二时半,学生自治会常务干事会因日本出兵沈阳事件召集全体学生大会,当场选出王守伟等九人组织反日委员会,委员名单及职务分配如下

总务部——王守伟(兼主席)

文书股——朱生豪

……⑤

10月　之江中国文学会成立,举行活动,朱生豪等二十余人参加。夏承焘指导研究宋词论题,钟钟山讲授历代经学。

① 夏承焘:《天风阁学词日记》,杭州:浙江古籍出版社,1984年,第182页。
② 夏承焘:《天风阁学词日记》,杭州:浙江古籍出版社,1984年,第208页。
③ 夏承焘:《天风阁学词日记》,杭州:浙江古籍出版社,1984年,第210页。
④ 夏承焘:《天风阁学词日记》,杭州:浙江古籍出版社,1984年,第211页。
⑤ 此文载于1932年6月出版的《之江年刊》。

《中国文学会志略》中记载：

> 中国文学会成立于二十年秋，为王守伟、朱生豪诸君所发起。工作重实际研究，每两周有研究会一次之举行，各会员演讲或宣读论文，由顾问加以指导。又有之江诗社之组织，诞生虽迟，而成绩斐然，燕居于西子湖畔之诗人，闻风而来与会者几每会俱有。本年度本拟有期刊出版之议，因困于经费未能实现。[①]

在接下来的人员名单中，有顾问钟钟山、李雁晴、夏瞿禅等老师。主席为王守伟，研究股有郑天然[②]、朱生豪、王守伟三人。彭重熙[③]、黄竹坪等人也都是干事。在1932年的第三届中国文学会干事名单中，除彭重熙（任主席）、朱生豪外，还增加了任铭善[④]、宋清如、黄源汉（注：又名黄元汉）等人。从该志略来看，中国文学会主要是进行一些学术交流活动。[⑤]

同窗好友彭重熙回忆："朱朱对唐宋名家颇多创新独到之见。一九三一年夏师给我们讲授唐宋词，学期终了，诸生作学习心得，夏师对朱朱评论赞赏之余，曾为之忘食。这是夏师亲口说的，我记得很真切。"[⑥]

[①] 此文载于1932年的《之江年刊》。在上海图书馆残存的两册《之江中国文学会集刊》上，有夏承焘、任铭善、黄定安、张荃等人的作品，但未见朱生豪的文字。

[②] 郑天然，1930年入读之江大学，比朱生豪低一级，在校时名郑祥鼎，朱生豪在给宋清如的信中曾数次提到他，后来去日本留学。朱尚刚先生于20世纪90年代在上海找到了郑天然的儿子，得知郑天然已于1976年在香港离世。

[③] 据朱尚刚先生提供给笔者的材料《整理题记——宋清如与彭重熙往来信》中介绍：彭重熙（1911—2003），江苏吴县人，是朱生豪在之江大学国文系的同班同学，也十分爱好诗词，特别是以填词的功夫见长，深得师友好评。因情趣上的相投，他是朱生豪在大学时为数不多的挚友之一。在之江诗社的活动中，朱生豪、宋清如、彭重熙，交往颇深。大学毕业后，彭重熙曾从事教学工作，1948年去四川。新中国成立后，彭重熙与宋清如多年未能取得联系，1983年，彭重熙与宋清如取得联系。彭重熙珍藏着一本朱生豪选抄的之江诗友词集《芳草词撷》，并将之还赠给宋清如。之后，彭重熙曾多次来嘉兴与宋清如相聚，并在两人往来信件中多次回忆朱生豪生前往事。1984年，杭州大学的吴洁敏、朱宏达两位老师准备撰写《朱生豪传》，也通过宋清如向彭重熙征求材料，对这些，彭重熙都积极发表了他的意见，并努力回忆，提供了不少有价值的材料。

[④] 任铭善（1912—1967），江苏如皋人，1935年毕业于之江大学，留校后任之江大学讲师，后任浙江大学、杭州大学教授，从事古文献、古代汉语、现代汉语的研究，著有《西京学三论》《读张氏仪礼图记》《观堂礼说存商》《字音五问》《旧钞定本四声切初表跋尾》等。他是朱生豪的知己，在之江就读时与朱生豪并称为"之江二才子"。

[⑤] 朱尚刚：《诗侣莎魂——我的父母朱生豪、宋清如》，北京：商务印书馆，2016年，第73页。

[⑥] 见彭重熙1983年12月27日给宋清如的信，原件现留存于朱尚刚处。

黄竹坪回忆："朱生豪上课静坐一隅，且又经常不上课，据说是在图书馆看书。教师对他也听之任之。……夏师瞿禅先生从其论文中了解到他是一位绝顶聪明的人，对学习有独特精辟的见解。夏师曾语我，朱是他从未遇到过的聪明学生。尤其是论文，常有精辟的见解。有一次他在教室里对我说：昨晚上的音乐会我忘了参加。看朱生豪的论文，看得出了神。非常佩服。还有一次，夏师对我说：朱生豪的才智，在古人中亦只有苏东坡一人而已。"①

11月 "之江诗社"②成立，指导老师为夏承焘、钟钟山、邵潭秋等人。朱生豪为社之魁，他在之江诗社的诗友有比他低两级的国文系任铭善，低一级的郑天然、张荃③，同级的彭重熙，教育系的吴佩华等，还有比他低三级的宋清如。之江诗社的参加者以本校师生为主，也吸收社会各界的诗歌爱好者，如时任浙江大学校长的程天放、朱生豪在附中读书的胞弟朱文振等，都是之江诗社成员。

12月18日 夏承焘日记："命朱生抄白石歌曲考证。"

1932年（民国二十一年） 20岁

本年 任《之江校刊》英文部主任，在《之江年刊》发表七律《无题》二首、英文诗《吹笛人》（注：系一首情调轻快的小诗，诗中通过吹笛子的民间艺人与诗人的对话表现迎接春天到来的美好心情）及翻译的冯维德英文诗"The Sea Echo"（因原文佚失，故无中文标题）。朱生豪对莎士比亚作品产生了浓厚兴趣，从之江图书馆借后读了数遍。

春 之江成立三三级同学会，其宗旨在于联络感情、培养友谊、切磋学问，并力求改善团体生活，朱生豪与彭重熙分别担任英文文书与中文文书。经议定，级花为"兰"，级箴为"诚"，朱生豪被公推为三三级级歌填词，作《八声

① 吴洁敏、朱宏达：《朱生豪传》，上海：上海外语教育出版社，1989年，第51—52页。
② 在浙江高校史中，之江诗社是一个成立较早、影响较大的诗歌组织，诗社不定期举行活动。
③ 张荃，字苏蓼。1942年曾热心主操办了朱、宋的婚礼。20世纪50年代后曾在新加坡、马来西亚多家大学任教，于1959年病逝于吉隆坡。其诗作在南洋华人界颇受称誉。

甘州》：

又一江春水搅离情 惜别苦匆匆 忆晨暾夜月 鸣涛霏雪 芳树丹枫 转眼
弦歌人去 塔影暝孤钟 别梦应来此 挂牖苍松

聚散何须惆怅 看纵怀四海 放志寥空 慨河山瓯缺 端整百年功 赠君婉
娈幽兰色 一支香应与寸心同 长记得 年年今日 人笑东风①

5月1日 朱生豪参加之江诗社于理安寺的集会。
彭重熙写《之江诗社小史》，介绍道：

本校风景孕吴越之奇，人物尽东南之美，耳目所即，莫非诗境。中国
文学系同学于攻读之余，于是乎乃有之江诗社之组织。社之组织始于去岁，
加入者有钟钟山夏瞿禅李雁晴诸先生及同学十余人。凡二星期一会，每会
各出近作，以相研讨，诸先生诲人不倦，赐益良多。自九一八事件爆发后，
因抗日事忙，遂停会数次。然本社同仁丁此国难，情之所之，志之所在，
每有言之所不堪者，初未尝不欲发之于吟咏也。本学期开学后旗鼓重振，
加入者尤为踊跃，城内邵潭秋程天放诸先生亦闻风来归，曾假理安寺虎跑
寺黄庄集会数次，风前觅句，花下联吟，一觞一咏，颇极冷啸之乐。历次
集会诗篇甚多，佳作不少，一俟经济宽裕，拟出版诗刊以广风雅之绪，凡
有志于斯道者盍兴乎来。②

5月15日 朱生豪参加之江诗社在秦望山上的韦斋集会，邵潭秋老师及浙
大校长程天放参加，夏承焘先生作《水龙吟》一首，后刊于《之江年刊》。

9月 宋清如考入之江文理学院（之江大学于1930年春改校名为之江文理
学院，设文、理两学院），不久就加入之江诗社和中国文学会，与朱生豪结为
诗友。

---

① 刊于1933年《之江年刊》。
② 刊于1933年《之江年刊》。

宋清如（1911—1997），江苏常熟人，1911年7月13日出生于常熟栏杆桥^①一个地主家庭，家中排行第二，人称二小姐。自7岁起，先后学《三字经》《百家姓》《古文观止》《左传》等。中学毕业于苏州慧灵女子学校。家中本来无意让她升学，但她提出不要嫁妆要读书，就用自己办嫁妆的钱换来读书的机会，考入省立苏州女子中学^②，1932年又进入之江大学深造。她曾先后在《现代》杂志上发表过诗八首，曾得到主编施蛰存先生的高度评价。施蛰存在信中称赞她说："我以为你有不下于冰心女士之才能。"^③宋清如的同学对她的评价是性格温和、平易近人、识见广博。

　　宋清如回忆说："我刚进之江时，高年级同学主动向我介绍情况。他们告诉我中文系在文科各系中是最有名的。除了系主任钟钟山先生这个权威外，高年级学生中也有不少知名人物。如词人彭重熙，女诗人张荃，学生会主席王守伟，还有素以才子相称的朱生豪。据说校长曾因为生豪才思敏捷，文笔流畅，誉之谓不下于梁启超。"^④

　　宋清如在《莎士比亚戏剧全集》的《译者介绍》中说："我初次认识生豪的时候，是在民国廿一年的秋天。在钱塘江畔，秦望山头，极富诗意的之江大学中间。那时候，他完全是个孩子，瘦长的个儿，苍白的脸，和善天真，自得其乐地，很容易使人感到可亲可近。"^⑤她后来又在回忆中写道："我还清楚记得，在我踏进之江的时候，是那么幼稚、狂野，但也带着一定骄矜。生豪使我折服的原因，首先是他的纯朴、坦率、诚恳的态度，其次是诗歌的才华，再后是热情的信件。我曾经把他给我的每一张字条，每一封信慎重保存着，一直到抗战

---

①　当年的栏杆桥属于江苏省常熟县塘桥乡，后行政建制多有变动：1962年常熟县将栏杆桥所在的西张等14个公社划入新建的沙洲县，1986年沙洲县又撤县建成了张家港市，接着西张撤乡建镇，2003年并入凤凰镇，因此现在栏杆桥属于张家港市凤凰镇。

②　苏州女子中学建立于1912年，初建时为江苏省立第二女子师范学校，1927年实行中（学）师（范）合并时改称为江苏省立苏州女子中学，1932年又改名江苏省立苏州女子师范学校，1949年以后原省立苏州师范并入，又改名为新苏师范学校。当时学校设普通科和师范科，上课分开，但宿舍在一起，宋清如就读师范科。

③　朱生豪、宋清如：《伉俪——朱生豪宋清如诗文选》，朱尚刚整理，北京：中国青年出版社，2013年，第6页。

④　吴洁敏、朱宏达：《朱生豪传》，上海：上海外语教育出版社，1989年，第56页。

⑤　莎士比亚：《莎士比亚戏剧全集》（第一辑），朱生豪译，上海：世界书局，1947年，《译者介绍》第1页。

开始逃难离家时为止。"①

朱生豪在《鹧鸪天》二首中也写了初见宋清如的印象：

> 忆昨秦山初见时，十分娇瘦十分痴，
> 席边款款吴侬语，笔底纤纤稚子诗，
> 交尚浅，意先移，平生心绪诉君知，
> 飞花逝水初无意，可奈衷情不自持。

10月　朱生豪与之江诗社诸友在西溪赏芦，诗社拍照为《诗人在西溪》，背景是西溪一座小桥边的乡村，青竹、芦花、茅舍前，诗社成员十七人或坐或站，或长袍大褂或西装领带，参加者有老师夏承焘和学生张荃（女）、吴佩华（女）、宋清如（女）、黄元汉（女）、施菊生（女）、吴祖坪、彭重熙、刘芝田、陈敏学、胡才甫、郑天然、王守伟、李笠。朱生豪站前排左起第一位，此照后刊于同年的《之江年刊》，作为之江学生的课余活动介绍。活动中时为诗社副社长的彭重熙率先填词一首，朱生豪即和《唐多令》两首。

其一：

> 一棹冷溪船　潆洄水自闲　对芦花零落秋田　遥想孤舟寒月夜　有飞雪扑琴弦
> 沉恨上眉尖　神游忆曩年　今宵清梦到苇边　懒作寻春春日燕　化鸥鹭漫相怜

其二：

> 寥落古词魂　孤庵我拜君　月明溪水影无痕　飞絮飘蓬千万恨　自呜咽冷云根
> 芳草不堪论　休歌纨扇春　繁华事散逐香尘　漫忆徐郎诗句好　流水梦

---

① 宋清如在1985年6月3日致彭重熙的信中回忆，原件由朱尚刚保管。

落花心[1]

在之江诗社的成员中，朱生豪是很出名的一位，被誉为"之江才子"。挚友彭重熙评价其才情："近体玉溪才敌手，倚新声姜史差堪比。"[2]他认为朱生豪的近体诗可和李商隐相比，而词则祖述姜白石、史达祖。其诗其词均刻意追求技巧，讲究声律，以比兴象征、淡语韵味取胜。

12月1日　在之江文理学院学生自治会出版股编的《之江》创刊号上发表英国作家高尔斯华绥的短篇小说《迷途的狗》的译文，与郑天然所写的《高尔斯华绥评传》相配刊出。

12月24日　之江大学圣诞晚会，朱生豪饰玛利亚，手抱婴儿登台表演哑剧。后来据好友彭重熙回忆，这次节目原本要朱生豪唱英文歌曲，朱生豪感觉为难，于是彭重熙提出一个解围的建议：让朱生豪演个哑剧，扮演圣母玛利亚，因为"朱生豪长得面容白皙清秀，双眉黛色，似蹙非蹙，目光清澈，下颌略尖削，身材秀长，平时文质彬彬，很象个女孩子"[3]。当晚，几位同学在西斋宿舍为朱生豪装扮，教育系吴佩华也加入其中，于之江大学都克堂演出。朱生豪身穿白色长裙，抱着洋娃娃"端庄"地站在台上，演得非常认真。宋清如说："他那付样子真叫人不敢相信这是个男孩子扮的呢，演得太象了。"[4]这是朱生豪大学期间给同学留下印象最深的一幕。

彭重熙曾回忆大学期间朱生豪的性格说："我与生豪同学四年，交谊颇深。生豪性格内向，而且不是一般的内向，而是耿介拔俗，沉默寡言。其情感意向不轻易外露。……生豪在我记忆中是住在西斋二楼，我到他寝室去看他时，他往往是单独一人在静坐看书。见面后谈得很少，颇有'相对忘言'之乐。现在看来，这种情况似乎很不正常，但在当时，彼此都很满足。生豪来我处时，仍很少说话，似以'入不言兮出不辞'为常事。我有时以'开开金口'逗之，亦

①　朱生豪、宋清如：《伉俪——朱生豪宋清如诗文选》，朱尚刚整理，北京：中国青年出版社，2013年，第28页。

②　吴洁敏、朱宏达：《朱生豪传》，上海：上海外语教育出版社，1989年，第57页。

③　彭重熙1985年2月13日写给吴洁敏的信，见吴洁敏、朱宏达：《朱生豪传》，上海：上海外语教育出版社，1989年，第47页。

④　吴洁敏、朱宏达：《朱生豪传》，上海：上海外语教育出版社，1989年，第48页。

只片言只语，略无赘辞。其生性如此，不可强也。"①

朱文振回忆朱生豪："大学时期，假期回家，常常朗读莎剧中的某些段落，以及Swinburne（注：英国19世纪著名诗人斯文朋）的很多抒情诗。……似乎，他有很多感情，别处不能发泄，只能在朗读名篇和引吭高歌中抒发。"②

朱生豪在之江大学独来独往，常埋首于图书馆，或独行于秦望山头，或徘徊于钱塘江畔，这种特立独行的性格在工作后也未曾改变。

1933年（民国二十二年） 21岁

2月 与宋清如去灵峰探梅。

3月 之江诗社全体成员合影（刊登在1933年《之江年刊》上），朱生豪站前排。据其给宋清如的信中记载，他正在阅读从之江大学图书馆借的《史通》（四本）与《中国历史研究法》（两本）。

4月5日 宋清如妹妹来杭，朱和宋陪去岳坟、灵隐等处郊游。

5月 朱生豪得稿费一笔，请宋清如于六和塔边的西爽斋吃醋溜黄鱼。

6月 于《之江年刊》上发表翻译的一首英文诗"Lyric"，原作为低他一级的任铭善创作的汉语诗（原中文诗已佚失）；于《之江年刊》上发表长诗《别之江》一首。应母校秀州中学邀约在《秀州钟》第12期发表《近代英美新诗运动》。

6月9日 参加之江大学秀州同学于韦斋开的"临别欢宴会"。

《之江校刊》刊登的《级史》中记录，1933年"六月九日晚，在之江求读的秀州同学会假座韦斋饯别。窦维斯先生与夫人及大学部毕业同学王守伟、朱生豪、黄定安，中学部同学朱文振、盛世师，宾主二十余人，共三桌。宴会后有

---

① 彭重熙1985年2月13日写给吴洁敏的信，见吴洁敏、朱宏达：《朱生豪传》，上海：上海外语教育出版社，1989年，第42页。

② 朱文振于1985年给吴洁敏的信中关于朱生豪的回忆材料。

窦氏夫妇演说，陈侠与吴元海先生致送别词。王守伟君致告别词，黄式金先生报告杭州秀州中学校友会成立经过，并佐以余兴，末唱母校校歌而散"①。

6月12日 于《之江期刊》发表小论文《斯宾诺莎之本体论与人生哲学》。

6月19日 朱生豪所在的1933级毕业典礼，朱生豪因体育成绩不及格未参加，学校决定让他从山上到山下来回走六趟作为折中办法算给他体育成绩，他才获文学学士学位。与他同时毕业的国文系学生有：王守伟（时年26岁，浙江嘉善人）、刘芝田（时年26岁，广东台山人）、徐赞漠（时年31岁，浙江温岭人）、黄定安（时年25岁，浙江平湖人）、彭重熙（时年23岁，江苏吴县人）。当天下午举行图书馆落成典礼，请史量才②先生讲话，朱生豪参加并捐募资金。

朱生豪曾在信中回忆说："想起来我在之江里的时候真神气得很，假是从来不请的，但课是常常缺的（第一年当然不这样，因为需要给他们一个好印象），没有一班功课不旷课至八九次以上，但从来不曾不给学分过。体育军训因为不高兴上，因此就不去上。星期一的纪念周，后来这一两学期简直从来不到。什么鸟人的演说，听也不要去听，我相信之江自有历史以来都不曾有过一个像我一样不守规则而仍然被认为好学生的人。"③

彭重熙曾写信回忆朱生豪在之江大学的情况："我与生豪在同系同学中是最为接近的，但以生豪寡于言笑，我亦非夸夸其谈者，因此相对时以忘言之时为多。……有时来我处时，'入不言兮出不辞'，兴会而来，兴尽而返。突出其独往独来的性格。'我醉欲眠，君归且去，总有相思休语。'非虚语也。生豪选读虽以国文为主系，英语为副系，其所好则在英语。其课外浏览者大都是英国诗歌小说。李培恩院长曾在我前大赞其对英文之造诣，自诩为之江乐育之英才。在夏师倡导的之江诗社中，我对生豪是甘拜下风。生豪天资敏慧，确是惊人，有一次我与他同看一书，特意加快速度，但仍跟不上他，真可谓'一目十行'。在生活方面，落落寡合，好月夜独步江上，高歌放啸，莫测其意兴所至。有一

① 嘉兴市政协文史资料委员会编：《嘉兴文杰》（第二集），北京：当代中国出版社，2005年，第496页。

② 史量才（1880—1934），中国著名报人，曾任上海《申报》总经理。

③ 原文见朱生豪1936年2月3日给宋清如的信。宋清如曾将这封信送给一位友人，2002年2月承友人将此信赠还给朱生豪之子朱尚刚，该信内容十分丰富，是研究朱生豪家庭、生活和思想情况的重要文献。

点我印象中很突出，生豪走路一往直前，只向前看，决不回头返顾。"①

6月23日 约宋清如去西湖划船。面对宋清如，朱生豪说："一向我从不以离别为一件重大的事，而今却觉得十分异样。说些什么话吧，却也说不出来。"②

6月末 朱生豪毕业之际，对宋清如恋恋不舍："当初在之江最后两天的恋别，印象太深刻了，至今追忆起来，还是摧人肺腑，眼睁睁看你去了，灵魂上留着一片空虚，人真像死了一样。"③

宋清如回忆："一九三三年夏，生豪大学毕业前夕，即预定去上海世界书局担任英文编辑。那些年头，毕业即失业本属常事。对于生豪来说，由于家境困难，在之江读书时期虽则享受奖学金，但也已经拉下了一大笔债务。有工作是大好事，何况工作的性质似乎也颇合理想。因此，他是怀着新的希望，信心百倍地跨出校门。"④

朱生豪由原之江教师、世界书局⑤编辑胡山源⑥介绍，准备与之江大学原教务长兼附中校长陆高谊⑦同赴上海大连湾路世界书局任职。

7月初 从之江大学毕业，回嘉兴东米棚下的家中休息。

7月中旬 朱生豪按照与陆高谊约定的时间与车次（陆当天从杭州出发），中途从嘉兴上车，两人同往上海世界书局。

---

① 见彭重熙1984年10月30日致宋清如的信，原件现存于朱尚刚处。
② 朱生豪：《朱生豪情书》，朱尚刚整理，上海：上海社会科学院出版社，2003年，第4页。
③ 朱生豪：《朱生豪情书》，朱尚刚整理，上海：上海社会科学院出版社，2003年，第171页。
④ 吴洁敏、朱宏达：《朱生豪传》，上海：上海外语教育出版社，1989年，第73页。
⑤ 世界书局于1917年由沈知方在上海创办。1921年，从独资企业改组为股份有限公司，设编辑所、发行所和印刷厂，在各大城市设分局三十余处。沈知方任总经理。初期，以出版小说为主。从1924年起，编辑出版中小学教科书，与商务印书馆、中华书局出版的教科书三足鼎立。1934年，因经济周转不灵，沈知方被迫退职，由陆高谊任总经理。全面抗战期间，林汉达主编的英文文学读本颇负盛名。1946年，李石曾出任总经理。1950年宣告结束。共出书五千五百余种。
⑥ 胡山源（1897—1988），原名胡三元，江苏江阴人，新文化运动中著名的作家。1920年肄业于之江大学，曾于之江大学任教，后至上海世界书局做编辑。1923年，出版《弥洒》及《弥洒社创作集》。全面抗战爆发后，在上海《导报》《申报》当编辑，后发起创办《红茶》文艺半月刊及《世界文艺》等刊物。中华人民共和国成立后，曾任教福建师范学院、上海师范学院（今上海师范大学）。宋清如曾于20世纪80年代给上海师范大学写信寻找胡山源，想收集一些朱生豪的资料，当时胡山源已经退休回到老家江阴居住，后两人取得联系。胡山源对于朱生豪的具体生活和工作情况提供不出太多材料，后从他编辑的《红茶》半月刊上抄录朱生豪当年发表的《新诗三章》《词三首》以及翻译小说《如汤沃雪》《钟先生的报纸》等寄给宋清如。特别是译文《如汤沃雪》，朱生豪用了笔名"草草"，若不是胡山源提供，将无从查证为朱生豪所译。胡山源又为宋清如提供了陆高谊在上海的地址及范泉的线索。
⑦ 陆高谊（1899—1984），浙江绍兴人，1924年毕业于之江大学，曾任之江大学教务长兼附中校长。1934—1945年担任世界书局总经理，同时参与经营和编辑业务。

7月 弟朱文振从之江附中高中部毕业，考入南京中央大学外文系。

世界书局的编辑大多聘自政界、教育界和新闻界。与朱生豪同时到达世界书局的陆高谊，便是由该书局英文部副主任林汉达出面聘请的，因为他俩原是之江同学。而朱生豪则是由胡山源先生介绍的。据胡山源回忆，世界书局的英文编辑部当时因计划出版一系列英文书刊，并准备编写几部汉英词典，急需英文编辑人员。他曾托之江教务长黄式金代为物色。黄推荐了秀州中学英语教员詹文浒[1]，胡则介绍了之江应届毕业生朱生豪。胡山源在《一些痕迹》一文中写道："我在杭州之江大学教书时，他（注：朱生豪）在读书。我没有直接教到他，但认识他，并知道他中英文都好，为全班第一。他毕业后，即由我介绍来英文部工作。"[2]

按世界书局的用工合同约定，朱生豪月薪七十大洋。到任后他接手的第一件事，就是参加编纂《英汉求解作文文法辨义四用辞典》（后面简称《四用辞典》）。

詹文浒在《四用辞典》的引言中说："民国二十年的春天，苏君兆龙，葛君传樑，朱君生豪，邵君鸿翯，连我共五个人，共同计划编一部英文辞典——一部我们认为最完备最合用的英文辞典……即要把各种类的辞典，融会贯通，编

---

① 　詹文浒（1905—1973），浙江诸暨人。早年毕业于上海光华大学，后留学美国。回国后到嘉兴秀州中学任英文教员，后赴上海任世界书局编译所所长。1938年，任以国民党CC（陈果夫、陈立夫）系为政治背景的《中美日报》总编辑。詹1936年赴美，次年回上海后加入CC系做特务，后加入国民党，对于他的身份，朱生豪一直不知晓。后据同为《中美日报》的同事范泉为《朱生豪"小言"集》写的《朱生豪的"小言"创作》一文中介绍："詹文浒究竟是怎样一个人？在上海解放时，他是《新闻报》的总经理。他不去台湾，等待解放，将新闻报社的全部资产（包括印制设备）点交给上海市军管会。人民政府给他自由。但是后来，不知为了什么，他又企图搭乘火车，转道香港前往台湾，而终于在他上车时被逮捕。当时在报上宣称他是'国民党特务'，后来判处无期徒刑，押送青海劳改。他在劳改农场悉心研究中医学，为劳改犯治病，居然一举成名，他解放后，被接到西宁市，专为全省劳改系统的病人治病。大约在1978年前后病殁。"见朱生豪：《朱生豪"小言"集》，范泉编选，北京：人民文学出版社，2000年版，第272—273页。

② 　吴洁敏、朱宏达：《朱生豪传》，上海：上海外语教育出版社，1989年，第75页。

30

成一部辞典，使人有了这一部，就等于有了其他的许多部……"①

在世界书局的朱生豪依然寡言内向，胡山源回忆："在世界书局数年，他就坐在我的对面，我没有听见他说满十句话。别人与他谈话，大都以点头、摇头或微笑答之。"②

朱生豪对于自己的寡言这样认为："我所以拙于说话的原因，第一是因为本来懒说话，觉得什么话都没有意思，别人都那样说，我可不高兴说。第二是因为脑中的话只有些文句，说出来时要把它们翻成口语就费许多周章，有时简直不可能。第三（是）我并不缺少sense of humour（注：幽默感），也许比别人要丰富得多，但缺少ready wit（注：敏捷或机智），人家给我讲某事的时候，有时猝然不知所答，只能应着唯唯，等到想出话说来时，已经用不着说了，就是关于常识方面的也是如此……大概在说话技术一方面太少训练。每年中估计起来成天不说话的约有一百天，每天说不上十句话的约有二百天。说话最多的日子，大概不至于过三十句。"③

朱生豪随陆高谊到上海后，住在平凉路平凉村28号陆高谊家的小阁楼里，并寄食陆家。

---

① 引言除说明辞典以"完备、合用"为宗旨外，还提到编这部辞典是从1931年开始筹划的。但是朱生豪从之江文理学院毕业后来到世界书局已经是1933年了。由于没有进一步的资料可供佐证，只能做这样的推断：这部《四用辞典》的筹划工作时间较长，朱生豪到书局的时候还处于筹划过程中，或者开始编纂不久，但全部的筹划工作还未最后完成，而朱生豪在辞典的筹划和编纂工作中发挥的作用较大，所以虽然参与这项工作比其他人要晚一些，引言中也把他列入了"共同计划"的五个人之一。1936年辞典出版后得到了普遍的好评，特别是受到初学者的欢迎。20世纪五六十年代，我国初学英语者使用《四用辞典》还相当普遍。当时一起参加编纂《四用辞典》的，还有苏兆龙、葛传槼、邵鸿燊、赵鸿隽、史亦山等六七个人。据宋清如回忆，后来因为时局动荡，书局经济状况不好，有不少编辑人员相继离去，最困难的时候一度只剩下朱生豪一个人，但总算把这一项相当浩大的工作完成了。在此期间，朱生豪还参与了另一本《英文文法、作文两用辞典》的编纂工作。这是一本实用型的文法和惯用法工具书，1934年11月出版。其宗旨是"纠正国人说英文或写英文时的错误"，侧重文法讲解，注重举例解释我国学生作文时容易出现的错误。收入的词项不多，但对初学者易感困难的语言点阐解得很详细。《英文文法、作文两用辞典》的主编是詹文浒，参与编辑的除朱生豪，还有苏兆龙、葛传槼等人。朱生豪还校订了由史亦山编辑、世界书局1937年5月印行的《英文五百难点详解》。

② 朱尚刚：《诗侣莎魂——我的父母朱生豪、宋清如》，北京：商务印书馆，2016年，第134页。

③ 朱生豪、宋清如：《朱生豪情书全集》（手稿珍藏本）（上），朱尚刚整理，北京：中国青年出版社，2013年，第224、227页。朱生豪生性讷于言辞，1933年7月毕业赴上海工作之后，给宋清如写信长达九年，其中抗战后的信件，宋清如当时在四川逃难，后未能带回。宋清如寄朱生豪的信也在抗战中全部毁失，一些信件在"文革"后再遭毁失，尚存的信件有三百余封。主要是1933年秋到1937年8月，朱生豪在世界书局期间的信。这些信件真实反映了朱生豪的工作、生活以及当时上海社会的第一手资料，已全部收入朱生豪、宋清如《朱生豪情书全集》（手稿珍藏本）（上、下）。

7月末　将所写的《鹧鸪天》三首寄赠给宋清如，词中记录了两人从初识到相恋，最后不得不分开两地的过程，表达了相互间的感情。

《鹧鸪天》三首

楚楚身裁可可名，当年意气亦纵横。
同游伴侣呼才子，落笔文华洵不群。
招落月，唤停云，秋山朗似女儿身。
不须耳鬓常厮伴，一笑低头意已倾。

忆昨秦山初见时，十分娇瘦十分痴。
席边款款吴侬语，笔底纤纤稚子诗。
交尚浅，意先移，平生心绪诉君知。
飞花逝水初无意，可奈衷情不自持。

浙水东流无尽沧，人间暂聚易参商。
阑珊春去羁魂怨，挥手征车送夕阳。
梦已散，手空扬，尚言离别是寻常。
谁知咏罢河梁后，刻骨相思始自伤。①

8月　朱生豪在平凉路的住处已收拾妥当，写信给宋清如详细地描述了房间的陈设：

　　房间墙壁昨天粉刷过，换了奶油色。我告诉你我的房间是怎样的。可以放两张小床和一张书桌，当然还得留一点走路的空隙，是那么的大小，比之普通亭子间是略为大些。陈设很简单，只一书桌，一armchair（注：扶手椅）、一小眠床（已破了勉强支持着用）。书，一部分线装的包起来塞在床底下，一部分放在藤篮里，其余的堆在桌子上；一只箱子在床底下，几件小行李在床的横头。书桌临窗面墙，床在它的对面。推开门，左手的墙

①　朱生豪、宋清如：《伉俪——朱生豪宋清如诗文选》，朱尚刚整理，北京：中国青年出版社，2013年，第70页。

上两个镜框，里面是任铭善写的小字野菊诗三十律。向右旋转，书桌一边的墙上参差的挂着三张图画。一张是中国人摹绘的法国哥朗的图画，一个裸女以手承飞溅的泉水，一张是翻印的中国画，一张是近人的水彩风景，因为题目是贵乡的水景，故挂在那里，其实不过是普通的江南景色而已。坐在书桌前，正对面另有雪莱的像、题名为《镜吻》的西洋画和嘉宝①的照相三个小的镜框。再转过身，窗的右面，又是一张彩色的西洋画，印得非常精美。这些图画，都是从画报杂志上剪下来的。床一面的墙上，是两个镜框，一个里面是几张友人的照片，题着 Old Familiar Faces（注：熟悉的老面孔），取自 Charles Lamb（注：英国作家查尔斯·兰姆）的诗句；另一个里面是几张诗社的照片，题着 *Paradise Lost*（注：《失乐园》），借用 John Milton（注：约翰·弥尔顿）的书名。你和振弟的照片，则放在案头。②

在信中，朱生豪还特意将自己所藏之书进行分类介绍，他所列的书单中第一类为大量的外国文学，有莎士比亚、济慈、雪莱、勃朗宁、华兹华斯、斯文朋等的诗集，还有如《世纪英国文学读本》《世界诗选》《近代英美诗选》《圣经》等，小说方面有屠格涅夫、高尔基等的，从书单中可以看出他尤为喜欢诗（从这里也就不难理解他译莎中的诗意渊源）。第二类是少量的中国古代文学，有庄子、陶渊明等的集子，也有白石词、玉田词、《大乘百法明门论》等，他说除了庄子与陶渊明是因喜爱而购买的，其余都是别人赠送的，是为纪念，并不想看；现代文学方面有茅盾的小说《子夜》、徐志摩的诗等。第三类是他购买的一些杂志画报，如《文学季刊》《文学月刊》《现代》《世界》《银幕故事》《良友》《万象》《时代电影》等，他认为杂志不值得保存，所以往往将喜爱的图画剪下后就将之丢弃。朱生豪还收集了一些中外名歌、流行的电影歌曲集等。

8月4日 在给宋清如的信中提到自己写"新咏数章，很像胡适之白话文学史中的王梵志体。不是好诗，但也过得去"③。

---

① 指美国著名电影明星葛丽泰·嘉宝，她是朱生豪非常喜爱的演员之一。
② 朱生豪、宋清如：《朱生豪情书全集》（手稿珍藏本）（上），朱尚刚整理，北京：中国青年出版社，2013年，第5页。
③ 朱生豪、宋清如：《朱生豪情书全集》（手稿珍藏本）（上），朱尚刚整理，北京：中国青年出版社，2013年，第8页。

9月18日　朱生豪去杭州探望宋清如，两人相守一天，下午返回上海："凄惶地上了火车，殊有死生契阔之悲，这次，怕真是最后一次来之江了。颇思沉浸六个钟头的征途于悲哀里，但旋即为车厢内的嘈杂所乱，而只剩得一个徒然的空虚之怅惘了。八点多钟回到亭子间，人平安。"①

9月23日　朱生豪给宋清如回信，帮她修改诗作，信中写道："来信与诗，都使我快活。……天凉气静，愿安心读书。"并于信中提及作《秋兴杂诗》七首："秋兴杂诗七首，本没有给人看的意思，但张荃既有信给我，也不妨抄下来并给伊一读，我没有另外给伊写信的心向。"②

10月至11月　为了纪念之江诗社诗友们的相叙唱和之乐，朱生豪将手头录存的词断断续续整理编撰，略加评论，装订成册。

冬初　朱生豪已适应了世界书局的编辑工作，他写下："今天我工作效率很好，走路时脚步也有点飘飘然，想要蹦蹦跳跳似的，天气又凉得可爱，心里充满了各种快乐的梦想。"③

朱生豪的薪水按月给姑母三十元，余下的除了必需的生活费用，几乎都用于买书。

宋清如曾说道："他刚到世界书局时，工余仍如饥似渴地追求知识。星期天，他就上马路溜跶，跑书店，上电影院，用有限的收入买书刊。每天总要读到深夜，真是忘怀一切，自得其乐。如果读到一本世界名著或看过一次嘉宝、利玲·哈蕙等名演员主演的艺术精湛的影片，就觉得是无上的享受，感到由衷的欢快。"④

12月19日　写信给宋清如："今天起来看见太阳光，心里有一点高兴。山中的雨是会给人诗一样的寂寞的，都市的雨只是给人抑塞而已，连相思都变成绝望的痛苦了……上星期日是母亲忌辰，却忘却了，今天查起来才知道已经过去。也是昨天一样的天气，十一年前的那天，人生的悲哀掩上了我，以至于今

①　朱生豪、宋清如：《朱生豪情书全集》（手稿珍藏本）（上），朱尚刚整理，北京：中国青年出版社，2013年，第103页。
②　朱生豪：《朱生豪情书》，朱尚刚整理，上海：上海社会科学院出版社，2003年，第10—12页。
③　朱生豪、宋清如：《朱生豪情书全集》（手稿珍藏本）（下），朱尚刚整理，北京：中国青年出版社，2013年，第464页。
④　吴洁敏、朱宏达：《朱生豪传》，上海：上海外语教育出版社，1989年，第77页。

日。"①

12月末　朱生豪在给宋清如的信中写下对外国文学的思考：

> 因为心里十分气闷，决定买书去，莫泊桑已看得不剩几篇了，作为接济，买了一本Flaubert（注：福楼拜）杰作集，其中包括他的三个名著，《波瓦利夫人》、《圣安东尼的诱惑》、《萨郎保》，和两三个短篇（或者说是中篇）。有点失望，因为其中没有他的名著《感情教育》，篇幅也比较薄，只有六百多页，同样的价钱较莫泊桑少了四百页。不过其中有《波瓦利夫人》出版后因有伤风化被控法庭上的辩论和判决全文洋洋数十页，却是很可贵的史料，那个法官宣告被告无罪的贤明的判决在文学史上是很受赞美的。
>
> 法国的作品总是描写性欲的地方特别多，莫泊桑的作品里大部分也尽是轧姘头的故事（写得极美丽诗意的也有，写得极丑恶兽性的也有），大概中文已译出来的多是他的雅驯的一部分，太纯洁的人还是不要读他的全集好。法国的写实派诸大家中，Balzac（注：巴尔扎克）和Zola（笔者注：左拉）自然也是非常伟大的名字，但以文字的技术而论，则未免散漫而多涉枝节，不如Flaubert和Maupassant（注：莫泊桑）的精练。但以我个人的趣味而论，较之莫泊桑的短篇，我总觉得更爱柴霍甫（注：今译为契诃夫）的短篇，这并不是说前者的评价应当在后者之下，而是因为一般而论，我喜爱俄国的文学甚于法国的文学。②

在这封信中值得注意的是，此时朱生豪的阅读兴趣已从诗歌转向小说，他对19世纪以来法国批判现实主义的作品产生了浓厚的兴趣，但他认为自己喜爱俄国文学甚于法国文学。

---

①　朱生豪、宋清如：《朱生豪情书全集》（手稿珍藏本）（上），朱尚刚整理，北京：中国青年出版社，2013年，第16—17页。

②　朱生豪、宋清如：《朱生豪情书全集》（手稿珍藏本）（上），朱尚刚整理，北京：中国青年出版社，2013年，第18—19页。

1934年（民国二十三年） 22岁

▲上海文化界称之为"杂志年"，又称为"小品文年"。

▲4月，《人间世》半月刊在上海创刊，林语堂任主编。

▲6月，国民政府公布《图书杂志审查办法》，上海各报刊展开关于大众语问题的讨论。

▲8月，上海良友图书公司拟议出版《中国新文学大系》，由赵家璧主编，编选从1917年至1926年十年间新文学运动的理论文章及小说、散文、新诗、戏剧等。

2月9日　发薪水，手中还有五十多块钱，外借十八块钱，写信二封给宋清如。第一封信中写道："对于见面我看得较重，对于分别我看得较轻，这是人生取巧之一法，否则聚少离多，悲哀多于欢乐，一生只好负着无尽痛苦的债了。"[1]第二封信中："你并不伟大，但在我心里的你是伟大的。"[2]

2月11日　朱生豪写信谈到对音乐的理解："音乐是最进化的语言：一切'散文的'语言文字是第一级，诗是第二级，音乐是最高级，完全依凭感觉，脱离意象而独立了。凡越朦胧则越真切。我梦想一个音乐的天国，里面的人全忘了讲话与写字。"[3]

2月13日　除夕，回嘉兴过春节。

2月16日　农历初三清晨，从嘉兴搭乘火车快车去杭州与宋清如见面。此次的杭州之行，朱生豪曾于2月11日给宋清如的信中提到"十六从嘉兴搭快车一点廿分到闸口，你能来接我最快活。十七星期六，十八星期日，你得陪我玩"[4]。

---

①　朱生豪：《朱生豪情书》，朱尚刚整理，上海：上海社会科学院出版社，2003年，第16页。

②　朱生豪：《朱生豪情书》，朱尚刚整理，上海：上海社会科学院出版社，2003年，第17页。

③　朱生豪：《朱生豪情书》，朱尚刚整理，上海：上海社会科学院出版社，2003年，第18页。

④　朱生豪：《朱生豪情书》，朱尚刚整理，上海：上海社会科学院出版社，2003年，第18页。

2月中旬　朱生豪在信中提到梦见同学郑天然问候宋清如生病的母亲，信中写下诗意的一段：

> 如果我想要做一个梦，世界是一片大的草原，山在远处，青天在顶上，溪流在足下，鸟声在树上，如睡眠的静谧，没有一个人，只有你我，在一起跳着飞着躲着捉迷藏，你允不允许？因为你不允许我做的梦，我不敢做的。我不是诗人，否则一定要做一些可爱的梦，为着你的缘故。我不能写一首世间最美的抒情诗给你，这将是我终生抱憾的事。我多么愿意自己是个诗人，只是为了你的缘故。[①]

3月23日　朱生豪给宋清如写信，谈其最近所看电影，对于《姐妹花》，他认为影片略带社会意义，演员演出的技巧性好，《人生》这部片子有不大通俗的地方，《吉诃德先生》《梵音情侣》值得一看。他还评论天一制片厂的台柱演员陈玉梅，称其难看。朱生豪对电影有特殊的爱好，凡是有新一点的电影，几乎都要一睹为快，他对于表演艺术有着十分强烈的爱好，在看电影中他对表演艺术的审美情趣和评价标准在不断提高。这封信中还有对外国文学的大段评论。

朱生豪阅读大量的外国文学书，且有着自己的独立思考："Silas Marner（注：《织工马南传》）照理是应该早已读过了的，况且George Eliot（注：乔治·艾略特）也算是我十分欢喜的人，可是我偏偏不曾读她的这一本代表作。两天工夫读完之后，有点失望，觉得并不像 Mill on the Floss（注：《弗洛斯河上的磨坊》）写得好，故事比较简单一些也是一个理由，总之很比不上狄更司。Mill on the Floss 可真是好，我读时曾流泪，里面的女主角即是著者自己的影子，是一个好强好胜，想像丰富，感情热烈，玻璃样晶莹而脆薄易碎，带着不羁的野性的女孩子，她的恋人则属于很passive（注：驯服）的性格，有病态美的苍白少年，带有多量女性的柔弱，逗人怜悯的那种人。故事很长很复杂很错综，而且读了长久也已模糊了，但这情形想起来很动人。在维多利亚三大家中，Eliot最长于性格描写，Dickens（注：狄更司）描写主角，总不及描写配角的出色，后者的好处是温情和谐趣的融和，以天真的眼睛叙述世故，把一切人都Cartoon

---

① 朱生豪：《朱生豪情书》，朱尚刚整理，上海：上海社会科学院出版社，2003年，第22页。

（注：卡通）化起来，但却不是冷酷的讽刺。文章也许是Thackeray（注：萨克雷）写得好。"①

在这封信中，朱生豪认为英国的小说赶不上法国与俄国，"像Flaubert、Turgenev（注：屠格涅夫）一类的天才，英国毕竟没有"。这封信的末尾处，朱生豪将戏剧与小说的阅读进行了比较："读戏曲，比之读小说有趣得多，因为短篇小说太短，兴味也比较淡薄一些，长篇小说太长，读者的兴味有时要中断，但戏剧，比如说五幕的一本，那就不嫌太长，不嫌太短。因为是戏剧的缘故，故事的布置必然是更加紧密，个性的刻划必然是更加显明，剧作者必然希望观众的注意的集中不懈。因此，所谓'戏剧的'一语，必然含有'强烈的''反平铺直叙的'的意味。"②

3月 小弟朱陆奎去福建当兵。

4月初 由沪坐火车去杭，与同窗好友彭重熙重叙于之江大学的秦望山头③，并以手抄《芳草词撷》相赠。

"芳草"之名，源出于《离骚》"何昔日之芳草兮，今直为此萧艾也"，用以比喻忠贞美德，苏东坡曾将其在他的诗句中引用发挥。彭重熙在给宋清如的信中提及："昔夏师曾以东坡比生豪，二人时代不同，修短异数，其发挥于辞章，自不可同日而语。若论其天赋则如精金美玉，谓美玉愈于精金可，谓精金愈于美玉，亦无不可也。今生豪已如晨星之早逝，其译作则如北斗之长存，垂名不朽，当之无愧！昔东坡自语其前身为渊明，其后身将为何人，则姑密而未宣。'枝上柳绵吹又少，天涯何处无芳草'，东坡之句也，生豪取此为词撷之名，当非偶然。生豪于水果中酷嗜荔枝，东坡有'日啖荔枝三百颗，不辞长作岭南人'之句。二人对荔枝，信有同嗜，我疑生豪前身，即是东坡……"④

《芳草词撷》系朱生豪亲手厘定，他将手头积存的所有之江诗社诗友的词稿经过精选之后，略加评述，誊抄成一本词集，三十二开，共收词五十六首，作

---

① 朱生豪、宋清如:《朱生豪情书全集》（手稿珍藏本）（上），朱尚刚整理，北京：中国青年出版社，2013年，第35—37页。

② 朱生豪、宋清如:《朱生豪情书全集》（手稿珍藏本）（下），朱尚刚整理，北京：中国青年出版社，2013年，第406页。

③ 彭重熙大学毕业后当时在之江附中工作。

④ 此为彭重熙在20世纪90年代与宋清如的通信中所谈，原信件收藏于朱尚刚处。

者为之江诗社的八位成员，由当时诗社成员任铭善题签，其中朱生豪词作十三首。这些词都由朱生豪做了句读，在佳句警句上加了密圈，对作者风格进行了评述：彭重熙之作是"风流宛转，神似饮水。迩来风骨既备，清俊蕴藉，洵是词人本色"；女诗人张荃"清华绵丽，徘徊无厌，有李易安之精神"；任铭善则为"造句生新冷隽，逸才无两，然颇自珍重，不多作"；对宋清如的评价是"才本敏婉，习作四章，颇见思致"；对自己作的十三首词，则自称为"以当敝帚之供"。彭重熙于1983年12月27日给宋清如的信中说：

> 前书谈及朱朱于甲戌春贻我《芳草词撷》一卷，录之江吟侣八人之词，五十六阕，其中希曼（朱姓，之江同班同学，你来时已转学燕京）、张荃各八章，天然、任三各三章，夜子（文振）五章，你四章，自录十三章，拙作十二章。朱朱除自称"以当敝帚之供"以外，对每人均有评语，并以朱笔圈点，此为其精心评选的字迹。……尤其是朱朱手迹《古梦集》《丁香集》等均遭兵燹散失无余，此为硕果仅存的完璧，可为朱氏传家瑰宝，我拟抽暇抄录后即将此卷寄你收藏。①

朱生豪补遗录称："以上词，八人，五十六首。仅就手头见有者录出，并略加取舍。盖日夕所爱诵。诸君名篇秀什，当不止是。遇有所得，随时续录。（朱朱甲戌春）"朱生豪在《芳草词撷》中的十三首词，大部分是和诗友们之间的唱和之作，其中和（次韵）彭重熙四首，次韵张荃两首，郑天然及"诸君"各一首，寄希曼一首。词的内容大部分是对景抒情、伤时感怀之作，如前面提到过的记述诗社西溪赏芦活动的《唐多令·西溪和彭郎》两首即收在《芳草词撷》中。另外如《绮罗香·和赠天然次韵》：

> 我倦欲眠　君归且去　总有相思休语　不见秋云　袅袅又萦红树　等
> 秾春桃杏开时　更载酒芳江唤渡　今且看芦雪如花　雁归远过潇湘去
> 风月倘思裴度　赠尔诗情万斛　一清如许　烛泪抛残　梦里犹吟秀句

---

① 此为彭重熙在20世纪80年代与宋清如的通信中所谈，原信件收藏于朱尚刚处。

且莫愁芳草难留　总到处黄花堪住　倚高楼一笛秋风　蛰吟枫乱舞①

这首词细致地刻画了秋天的各种景色，在中间又穿插了许多联想：对春天再来的希望，对诗友间吟诗酬唱的投入，以及对人生的感悟，等等。开头的几句"我倦欲眠　君归且去　总有相思休语"被彭重熙引用来描述朱生豪不喜言谈的性格，以及他们相处时相对忘言的情景，词中的"一清如许"又暗含了宋清如的名字。

彭重熙于20世纪80年代补写的后记中说："生豪于申戌春自沪来杭，重会于秦望山头，握手叙旧，慨然以此卷贻我，弥见相知之深，亦从我所好也。所录词颇见当年唱酬之乐。雨窗风夕，展咏之亲切有味，足以自遣。四八年，余入蜀时藏于吴门。'文革'中，旧籍尽失，此卷亦不测所在。七八年返里，于意外得之，其喜可知。去冬东归，访晤清如于嘉禾。五十年阔别，得此机缘，又一意外也。问询生豪遗墨，痛惜《古梦》、《丁香》诸集均已毁于残暴，则此卷之得全，尤为珍贵。宁割爱还赠清如，以酬相知之深。他日藏之玉笈，传之子孙，则岂所好而已。"②

4月13日　在平凉路平凉村住处看美国作家布斯·斯金屯的小说《十七岁》，在困倦中他曾昏昏睡去，清晨五点钟天亮后，又起床坚持看完了《十七岁》。

4月14日　写信给宋清如，谈到前晚看的小说《十七岁》是在良友廉价买来，并评论道："作者B.T.或者不能说是美国第一流的作家，但总是第二流中的佼佼者。描写十七岁男孩子在初恋时种种呆样子，令人可笑可怜，至少很发松，大可供消遣之用。'大华烈士'以论语派的文字把它译出，译文也不讨厌。"朱生豪在信中还提出："如果你不讨厌我只会向你献些无聊的小殷勤，便寄给你。"③宋清如后来讲起："生豪从恋爱到婚后，从来不曾给我买过一件东西，除了书还是书。即便是书，也都是他看旧了的。"④因为在朱生豪看来，"买一本新

---

① 朱生豪、宋清如：《伉俪——朱生豪宋清如诗文选》，朱尚刚整理，北京：中国青年出版社，2013年，第33页。

② 此为彭重熙在20世纪80年代与宋清如的通信中所谈，原信件收藏于朱尚刚处。

③ 朱生豪：《朱生豪情书》，朱尚刚整理，上海：上海社会科学院出版社，2003年，第41页。

④ 吴洁敏、朱宏达：《朱生豪传》，上海：上海外语教育出版社，1989年，第77页。

书送人，实在是远不及把自己看过的旧书，上面留着自己的手迹的，送人来得更为多情"①。

4月21日　去杨树浦，在路上看见油菜花、绿草，静静的路上老头儿推着空的牛头车，"工厂里放工出来，全是女人，有许多穿着粗俗的颜色，但是我简直崇拜他们"。写信给宋清如说近日所读的外国小说："《罪与罚》好得很，《波华利夫人》译得不好，比之前者动人之处也不及多，《十日谈》文笔很有风趣，但有些地方姑娘们看见要摇头，对女人很是侮辱，古人不免如此。"②

5月1日　国际劳动节，朱生豪写信给宋清如：

> 只想给你写信，可是总想不出话说。一天过得糟透，苏州的朋友叫我在春天未去之前去玩一次，我很动心，可是想还是来望你一次吧，如果没有什么妨碍，你愿不愿意看见我？前天才回绝了一个人的借钱，今天又有人来问借，真使我想像我是一个有钱人。酒面扑春风，泪眼零秋雨，过了别离时，还解相思否？翻绝妙好词，得此四句，甚喜。肚子很饿，身上又有些冷了起来。你此刻大概在房间里，你相信我是异常，异常地记念着你的。祝好。
>
> 一日下午四时③

5月5日　朱生豪到北京剧院看丽琳·哈蕙的《龙翔凤舞》，接着又到新光去看《阿丽思漫游奇境记》。他评论《龙翔凤舞》说："是一本清快的音乐喜剧，带着opera（注：歌剧）的形式，虽然不过是love story（注：爱情故事），又有一点政治的意味，却处理得似童话一样美丽，充满令人愉快的诗趣，和一般好莱坞的影片不同。丽琳在这里美极了，俄皇派马车接她，一路上穿过市街，穿过郊野，在车子里小鸟一样唱歌，路上的人都向她欢呼，真是一个美丽的梦。酒肆中的恋情，府邸中的神奇，宫廷中的舞会（亲王贵族们在会议室里，听着乐声，椅子整整齐齐地摇摆起来，终于溜了出去），以及一切人物性格之歌剧化，

① 朱生豪：《朱生豪情书》，朱尚刚整理，上海：上海社会科学院出版社，2003年，第171页。
② 朱生豪：《朱生豪情书》，朱尚刚整理，上海：上海社会科学院出版社，2003年，第42页。
③ 朱生豪：《朱生豪情书》，朱尚刚整理，上海：上海社会科学院出版社，2003年，第34页。

都有类于阿丽思的奇境。于是海面起了波浪，拿破仑的黑影在朦胧中出现，一切烟消云散，小女郎立在门边呆望。"[1]

5月28日　抄录莎士比亚的第九十七首十四行诗。

6月　朱生豪在信中写下诗歌"Drink to Me Only with Thine Eyes"（《就用你的眼睛为我干杯吧》，出自英国文艺复兴时期名剧作家和诗人本·琼生）。原诗如下：

<blockquote>

今日融合无间的灵魂

也许明日便会被高山阻隔

红叶上的盟言是会消退了的

过去的好梦是会变成零星的残忆了的

自夸多情的男女

明天便要姗笑自己的痴愚了

饮了这一杯酒，朋友

趁我们还未成为路人

请多多的望我几眼吧

树头的叶，夏天是那么青青的

一遇秋风便枯黄了，摇落了

当生命已丧失它的盛年

宝贵的爱情也会变成不足珍惜

自夸多情的男女

明天便要姗笑自己的痴愚了

饮了这一杯酒，朋友

趁我们还未成为路人

请多多的望我几眼吧

等到我们彼此厌倦之后

别离也许是不复难堪的了

</blockquote>

---

① 朱生豪：《朱生豪情书》，朱尚刚整理，上海：上海社会科学院出版社，2003年，第112页。

然而等我们梦醒的时候

我们自己的生命也不复是可恋的了

相思是不会带到坟墓里去的

一切总有了结的一天

饮了这一杯酒，朋友

为了纪念我们的今天

请多多的望我几眼吧！①

6月2日　去之江大学与宋清如见面，引起他对学校生活的恋旧之思。

6月16日　朱生豪写信谈到恋爱的法则：

凡追求，第一要知己知彼，忖量有没有把握；第二要认清对方的弱点"进攻"；第三要轻描淡写，不露痕迹；第四须有政治家风度，可进则进，不可进则须看风收帆，别寻出路，不给被追求者以惹厌的印象。硬弄总是要弄僵的，寻死觅活的手段，只能施于情窦初开，从来不曾见过男人的深闺少女，柔弱的心也许会被感动。College girl（注：女大学生）大多是hard boiled（注：不动感情的）……②

7月17日　宋清如放假回常熟家中，朱生豪写信问候，并问及她的母亲及婉弟。

8月末　朱生豪给宋清如的信中说："卢骚的《新哀洛绮思》（师范英文选第三册选入，这种物事好教学生！以文章而论，歌德的《维特》当然好得多了），恋爱，恋爱，那种半生不熟，18世纪式的恋爱，幼稚而夸张，无谓的sentimentalism（注：感伤主义），佳人＋才子＋无事忙热心玉成好事的朋友＋扭扭捏捏不嫉妒的'哲学'的丈夫，这位丈夫，是卢骚特创的人物，篇中谁都佩服他，实际是最肉麻的一个。"③

————————

① 朱生豪：《朱生豪情书》，朱尚刚整理，上海：上海社会科学院出版社，2003年，第57—58页。

② 朱生豪：《朱生豪情书》，朱尚刚整理，上海：上海社会科学院出版社，2003年，第60页。

③ 朱生豪：《朱生豪情书》，朱尚刚整理，上海：上海社会科学院出版社，2003年，第48页。

9月 读完吉辛随笔四卷。

10月2日 给宋清如的信中写诗一首:

> 不道飘零成久别
> 卿似秋风,侬似萧萧叶
> 叶落寒阶生暗泣
> 秋风一去无消息
>
> 倘有悲秋寒蜻蝶
> 飞到天涯,为向那人说
> 别泪倘随归思绝
> 他乡梦好休相忆①

11月 参加同学聚餐,并在给宋清如的信中详细记录下自己的心情:

挨过了一个无聊的聚餐,回到斗室里剥去衣裳(我不想对你讲究无聊的礼貌,一定要衣冠端正而写信),便在纸上写上了好人两个字,这光景正像受了委屈的孩子扑到娘怀里便哇的一声哭起来一样,除了这我也想不出什么安慰自己的办法了。

委屈是并没有什么委屈,不过觉得乏味得很,跟别人在一起的时候,我总是格外厌世的。今晚是本级在上海的同学欢送陈尧圣出国,虽然都是老同学,我却觉得说不出的生疏;坐在那里,尽可能地一言不发,如果别人问我什么,便用最简短的字句回答,能用点头摇头或笑笑代替则以之代替。我总想不出人为什么要讲那些毫无意义毫无必要的"你好"、"忙不"、"放假了没有"、"几时来拜访"、"不敢当,请过来玩玩"一类的话。

只有你好像和所有的人完全不同,也许你不会知道,我和你在一起时较之和别人在一起时要活泼得多。与举世绝缘的我,只有你能在我身上引

---

① 朱生豪:《朱生豪情书》,朱尚刚整理,上海:上海社会科学院出版社,2003年,第65页。

起感应。①

12月6日　写信告诉宋清如薪水一直未发，宋委托他代订的《建筑月刊》的钱请即寄下，并称连寄信的邮票也没有钱买了。

12月8日　写信给宋清如，借用同学张荃韵作俚词四首。

12月末　写信给宋清如，写下对于人生的思考："如果到三十岁我还是这样没出息，我真非自杀不可。所谓有出息不是指赚三百块钱一月，有地位有名声这些。常常听到人赞叹地或感慨地说，'什么人什么人现在很得法了'，我就不肚热那种得法，我只要能自己觉得自己并不无聊就够了。"他谈到讨厌自己工作后的平凡卑俗，自我批评趣味变低，感觉滞钝，称"现在见了诗就头痛，反之有时看到了那些又傻又蠢气的电影，倒要流流眼泪"。他还谈到在之江大学最后一年与宋清如在一起作诗的日子是一生中最快乐的时光，这段时光他很满足，"满足自己也满足世界，除了太过渺茫了的我的童年，那还是太古以前的事，几乎是不复能记忆的了"。②

1935年（民国二十四年）　23岁

▲3月，上海发生阮玲玉自杀事件。

▲9月，《宇宙风》半月刊在上海创刊，后改为旬刊，林语堂担任主编。

▲10月，赵家璧主编的《中国新文学大系》由上海良友图书公司开始陆续出版，全书共十集，次年2月出齐。

▲12月，"一二·九"抗日救亡运动爆发。上海文化界救国会正式成立。

---

① 朱生豪、宋清如：《朱生豪情书全集》（手稿珍藏本）（上），朱尚刚整理，北京：中国青年出版社，2013年，第106页。

② 朱生豪、宋清如：《朱生豪情书全集》（手稿珍藏本）（上），朱尚刚整理，北京：中国青年出版社，2013年，第112页。

本年　推介外国文艺的热潮在上海兴起，上海文化出版界称之为"翻译之年"。这一年，上海的各大书局纷纷组织力量，译出了许多世界名著。郑振铎编的《世界文库》（介绍世界文学的大型刊物），鲁迅译的《死魂灵》，李霁野译的《简爱自传》，徐梵澄译的尼采名著《苏鲁支语录》等相继出版。世界书局在这股翻译热潮中自然不甘落后，他们编撰了大型丛书如《世界少年文库》，又编写了实用辞书《四用辞典》（朱生豪为编写者之一），接着打算翻译全套莎士比亚名著。

经前辈同事詹文浒鼓励（时任书局编译所所长，对朱生豪的中文造诣与英语功底非常欣赏），朱生豪打算利用业余时间着手莎士比亚全集的翻译。朱生豪与世界书局终于签订了《莎士比亚戏剧全集》的出版合同，詹文浒将此事作为世界书局的大事，在稿酬方面给予优待，计件付酬，每千字两块钱。朱生豪于《译者自序》中记："廿四年（1935年）春，得前辈同事詹文浒先生之鼓励，始着手为翻译全集之尝试。"[①]

宋清如回忆中说："那时詹文浒先生也在世界书局。他发现这一个年青的伙伴如此酷爱诗歌，具有那样卓越的诗歌天才，而且在中英两种文字上都有那么深厚的造就，便劝他从事莎剧全集的移植。"[②]

朱文振在《朱生豪译莎侧记》一文中写道："他开始在世界书局以业余力量从事译莎（1935春）时，我还在大二。那些年月里，日本帝国主义欺侮中国人民气焰嚣张，而恰好讥笑中国文化落后到连莎氏全集都没有译本的又正是日本人，因而我认为他决心译莎，除了个人兴趣等其它原因之外，在日本帝国主义肆意欺凌中国的压力之下为中华民族争一口气，大概也是主要的动力。"[③]

施瑛[④]在《莎士比亚的译者》一文中曾回忆说，朱生豪计划翻译莎士比亚全集是民国二十四年春，受詹文浒鼓励。但是他从不让人知道他在尝试做这件工

---

① 莎士比亚：《莎士比亚戏剧全集》（第三辑），朱生豪译，上海：世界书局，1947年，《译者自序》第1—2页。

② 莎士比亚：《莎士比亚戏剧全集》（第三辑），朱生豪译，上海：世界书局，1947年，《译者自序》第2页。

③ 吴洁敏、朱宏达：《朱生豪传》，上海：上海外语教育出版社，1989年，第288页。

④ 施瑛（1912—1986），20世纪30年代曾在秀州中学任教，1935年春于世界书局担任英文助理编辑，与朱生豪成为同事，1947年7月3日在《申报》上发表《莎士比亚的译者》，介绍朱生豪当时准备翻译的情况，谱后部分附全文，20世纪80年代宋清如托朱文振联系到了施瑛，当时他因老年性白内障已近乎失明，施瑛后来写信给宋清如回忆了他所了解的朱生豪在上海的情况。

作。朱生豪辛勤搜集各种莎士比亚全集版本及诸家注解批评考证的书，常跑书店："那时我们全在英文部任事，主任就是昔日的老师詹文浒先生。生豪兄的写字桌，跟我的在一起，又因为工作上的联系，时常我所译写的稿件，墨迹未干，就递到了他的面前，他便用红墨水笔仔细修改。他是办公室里最沉默的人，往往整天不说一句话，旁人找他闲谈，他总是报以和蔼的微笑，更继之以脸红，于是完了⋯⋯"①

自1935年春起，朱生豪开始搜集莎剧的各种版本、诸家注释及有关莎学的资料，并着手研究表演艺术，无论电影还是话剧，只要较为有名的，他都去欣赏探讨，为译莎工作做准备。

1月1日　回嘉兴家中度过元旦。

1月3日　返回上海，写信给宋清如："这是今年我所写的第一封信。一切的思念和祝福都属于你，愿你无限好。"②

1月4日　看美国影片《风流寡妇》，朱生豪称看后有些失望。

1月6日　买杂志《文学季刊》与《文学月刊》，朱生豪阅后感到失望，认为其中的小说看不下去，并在给宋清如的信中提及1934年的中国现代文学无论是在小说、诗歌方面，还是在戏剧方面，都没有收获，"诗歌已至绝路，戏剧少人顾问，小说方面，还有一批能写的人，可是作家一成名，便好像不能再进步了的样子。过时的作家写出来的东西几乎没一篇不讨厌"③。

1月16日　朱生豪欲与返家路过上海的宋清如见面，但因收到信晚了一步，赶到汽车站正好未能赶上而未见到，写信给宋清如抱怨此事。

1月23日　写信给宋清如罗列一天日程，下午四点半出门寄信，后乘坐公交车到外白渡桥，去四川北路邮政局摊头买《良友》杂志，晚上再次写信给宋清如。晚饭与朋友聚餐，在信中称晚饭丰盛，有鸡、虾、咸肉等。

1月27日　去旅社看望之江大学比他低一级的同学郑天然，郑第二天即将去国外留学，不巧的是，朱生豪去时郑刚好出去了，两人未能见面。

2月1日　朱生豪写信给宋清如，谈人生，谈莎士比亚戏剧《终成眷属》：

---

① 施瑛1947年7月3日在《申报》上发表《莎士比亚的译者》，介绍朱生豪当时准备翻译的情况。
② 朱生豪：《朱生豪情书》，朱尚刚整理，上海：上海社会科学院出版社，2003年，第79页。
③ 朱生豪：《朱生豪情书》，朱尚刚整理，上海：上海社会科学院出版社，2003年，第62页。

人生当以享乐为中心。第一种人眼前只道是寻常，过后方知可恋，是享乐着过去。第二种人昨日已去，不用眷眷，明日不知生死，且醉今宵，是享乐着现在。第三种人常常希望，常常失望，好在失望后再作新的希望，现实不过如此，想像十分丰富，是享乐着未来。你在读书时可以想像放假而快乐，放假时可以想像读书而快乐，于是永远快乐。

……

新近发现了一条公理：凡是巴巴的来看我的朋友，都不外是因为：1.借钱；2.托我事情；其余的朋友都不愿意见我，这最近有好几个例证：

一、一个在苏州的好几年不见但常通信的朋友到上海来，打电话叫我到中央旅社看他，我把中央误听了东亚，找不到，后来他说，本想来看我，想想见面没甚么意思，因此就走了。

二、你过上海时我来车站望你，你说我不应该来看你。

三、郑××上次穷瘪来投靠我，今番堂而皇之地出洋，于是打电话来关照我都叫茶房代打，当然再不要光顾亭子间了。

四、我叫任铭善到我家来玩，他想了好几天，终于决定不来。

苦笑而已，云何哉。

看见太阳，心里便有了春天，天气真有暖意，即使不怎样暖（否则室内不用生火炉），至少有这么一点"意"。可是上海是没有春天的，多么想在一块无人的青草地上倒下来做梦哩。手心里确是润着汗，今年的冬天是无需乎皮袍子的，只是不知几时才会下雪，虽然我并不盼望。

你的来看你的朋友，如果不是一个古怪的人，便是一个平常的人，因为你要叫我猜，我便猜她（不是他吧）是一个古怪［means（注：意思是）有些特殊的地方］的人，否则你没有向我特别提说的必要。古怪两字用指最高泛的意义，不单指人的本身，也指case（注：情形），condition（注：状况）等等而言。

这答案答得坏极。

Bertram（注：莎士比亚戏剧《终成眷属》中的男主人公）的离别使她的眼里充满了眼泪，心里充满了悲伤。因为她虽是绝望地想着他，但每点钟和他相对，对于她终是很大的安慰。Helena（注：莎士比亚戏剧《终成眷属》中的女主人公）会坐着凝望着他暗黑的眼睛，他慧黠的眉毛，他美发的涡卷，直至她好像把他的肖像完全画在她的心版上，那颗心是太善于保留那张可爱的脸貌上每一根线条的记忆了。

当我年轻的时候，我也是这样的。爱情是那朵名为青春的蔷薇上的棘刺。在年轻的季节，如果我们曾是自然的儿女，我们必得犯这些过失，虽然那时我们不会认它们为过失。[①]

2月4日 回嘉兴家中过春节，抄写自己的新旧诗作，写信给宋清如告之她自己2月7日返回上海。

2月5日 在嘉兴家中整理好自己以往的新旧诗作，装订成《古梦集》[②]，他称："捧着自己的心血，有点发抖，过去的终是再不回来了。"[③]

2月6日 抄录19世纪英国诗人兰多的一首诗赠宋清如，并在信中诉说思念之情："我真是那么痴望着看见你，永远是那么渴着，像一个渴慕太阳的红人。要是此刻看见你，我将要怎样贪婪地注视着你哩。还能够一同到云栖等处走走吗？我想念你，似乎我生命中只有这几个字，我想念你想念你你你。几时能看见你？无可奈何地祝你好，信等于不曾写，你不要憎嫌我。"[④]

2月7日 朱生豪返回上海，看到2月1日宋清如的回信，写信给宋清如："写信总是那么写不痛快，我真是盼望看见你，就是不说一句话也好。顶好是有五六天样子在一起盘桓，然后再分别。过分的幸福反而不好的，因此我不敢盼望别的永聚，只要别得不太久远，聚得不太匆促，那么生活也就很可满足了。生命是全然的浪费，用一个两个钟头写一封无关重要的信，能够邀得心心相印者的善情的读诵，总算是最有意义的事了。感爱思慕的话是无从诉说的，但愿你好，康健，快乐，有一切福。"[⑤]

2月23日 为郑天然到商务印书馆买之江大学时的老师钟钟山先生的《中

① 朱生豪、宋清如：《朱生豪情书全集》（手稿珍藏本）（上），朱尚刚整理，北京：中国青年出版社，2013年，第130—132页。
② 朱生豪将自己的新旧诗词之作精心整理为《古梦集》《小溪集》《丁香集》。
③ 朱生豪：《朱生豪情书》，朱尚刚整理，上海：上海社会科学出版社，2003年，第90页。
④ 朱生豪：《朱生豪情书》，朱尚刚整理，上海：上海社会科学院出版社，2003年，第90—91页。
⑤ 朱生豪、宋清如：《朱生豪情书全集》（手稿珍藏本）（上），朱尚刚整理，北京：中国青年出版社，2013年，第137页。

国哲学史》。

2月24日　朱生豪情绪不佳，写信给宋清如：

快用两句骗小孩子的话哄哄我，否则我真要哭了，一点乐趣都没有，一点希望都没有。今天本想听concert（注：音乐会）去，害怕听不懂，对着那种高贵的音乐一定会自惭形秽，也许要打瞌铳，因此不曾去。你为什么不同我到云栖走走去？看了半张《倾国倾城》的影片，西席地米尔这老头子真该死，可以为他鸣起葬钟来了，表演的没精神，庸劣到无可复加的地步，布景的宏丽，浪费而已，偏有人会称赞它是莎翁的悲剧，该撒安东尼都是一副美国人相，可想而知了。总之一切令人生气，走到杂志公司里，翻到了一本《当代诗刊》，看见了老兄的大作，也有点不高兴。回来头里发昏，今天用去两块半钱。几时我想把桌上的书全搬掉了，对于学问文艺，我已全无兴趣。人家说，原来老兄研究诗歌，一本本都是poems（注：诗），滚他妈妈的，我不知把它们买来做甚么，再无聊没有了。

一个心地天真读政治经济的朋友，却有了进入文坛的野心，半块钱一千字的卖给人家，其实他的能力很不高，但没有自知之明，失业，生活都过不去，却慷慨激昂地说："他们有钱，坐汽车，住洋房，浑天糊涂，死了之后，哼哼，谁还记得他们。看，巴尔扎克、莎士比亚、爱伦·坡（每回他要向我特别称赞这位美国小说家诗人），死去了多少年，他们的著作留在世上，大名永垂不朽。"谢谢上帝，我不想身后名，汽车洋房，在我看来也不是怎样了不得的有趣，还是让我在一个静悄悄的所在，安安静静地死去吧。

……

上海批评电影的人有硬派软派，上海的文坛也有近乎如此的分别，实际即是现代和文学，施蛰存和傅东华的对立，后者自以为意识准确，抓住时代，施蛰存现在和叶灵凤何家槐一批人都是typical（注：典型）的海派作家了。这一个圈子里实在也毫无出路（虽则有许多人是找不到进路），中国不会产生甚么大的文学家艺术家，从古以来多如此，事实上还是因为中国人太不浪漫，务实际到心理阜琐的地步的缘故，因此情感与想像，两俱缺乏。①

3月10日　与世界书局编辑所同人为赴京同事饯行。

3月19日　朱生豪写信给病中的宋清如："春天，我不忆杭州，只忆你，和振弟，他比你寂寞，也许比我还寂寞，他是永不把心开放给别人的人。我给你念祷告，希望这信到时你已经好了。愿你安静！春天否则是会觉得太短的，生生病，也许会长一些。但是心里高高兴兴，什么时候都是春天，所以还是快些好起来吧！好好珍重，以后不许生病了。再写。"②

3月20日　朱生豪于早晨及下午写信二封问候生病的宋清如："虽是距离隔着我们，但你跟我总是那么近，仿佛我能听见你的呼吸，感得到你的红的热的颊儿似的。弄堂对门有学校，女孩子唱歌，那么活泼，想起过去的时日。愿你痊愈！"③

3月24日　夏承焘日记："发朱生豪信，言潭秋卖稿事。"④

3月30日　返回嘉兴参加弟弟朱文振的婚礼，他在给宋清如的信中描写了这次婚礼：

在家里过了三夜，倒并不如想像的那样无聊，全然忘了一切，无所为地高兴起来，家里的婚事只是小热闹一下，一切像儿戏般玩着，那位弟妇我不知叫她什么好，终于叫她做嫂嫂，比你大得多，不是孩子样儿。大表姐的第六个孩子，最小的甥女，和我很要好，陪着她玩。她的四哥在兄弟姐妹间乡气最重，是个戆大，人很忠厚，但不惹人欢喜，被妹妹欺负得哭起来，我过意不去，领他到乡野里走，他很快活，虽然似乎很笨，对于大自然却很敏感，看见骑在牛背上的牧童，很是羡慕，说脱下长衫去做看牛童子，一定很写意。徘徊旧游地，那些静寂如梦的 old spot（注：陈迹），对于灵魂是一种苏醒。我曾指点给孩子们我从前读书的小学，我对我的各个

①　朱生豪、宋清如：《朱生豪情书全集》（手稿珍藏本）（上），朱尚刚整理，北京：中国青年出版社，2013年，第138—140页。
②　朱生豪：《朱生豪情书》，朱尚刚整理，上海：上海社会科学院出版社，2003年，第95页。
③　朱生豪：《朱生豪情书》，朱尚刚整理，上海：上海社会科学院出版社，2003年，第95页。
④　夏承焘：《天风阁学词日记》，杭州：浙江古籍出版社，1984年，第375页。

母校都眷眷不忘。我的中学时期是最枯燥颓唐的一段。①

他感慨着："吃喜酒真非得要妈妈同着不可，难为情得一塌糊涂，今后誓不再吃（你的喜酒当然我一定不要吃），世上没有比社交酬酢更可怕的事（除了结婚而外）。"②

4月2日 返回上海，收到宋清如信。

4月4日 去影院观看狄更斯小说改编的电影《块肉余生》（注：狄更斯的作品，现译为《大卫·科波菲尔》）后谈到："今天去看盼了好久的银幕上的《块肉余生》，迭（狄）更斯的作品，即使还不能达到艺术的最高峰，总是非常富有感情的文字，我读他的小说总不能不流泪，电影上也有好几块能使软心的人呜咽硬心的人心软的地方，但一般而论，迭（狄）更斯的作品结构都失之散漫，因此改编为电影，很不易讨好，全剧精彩的地方，都只在各片段。但制片者的努力是很可佩的，那么一本大书，那样复杂而多方面的故事，竟能如此有条不紊简洁而无遗漏地演了出来。这片是 All Star Cast（注：全明星阵容），内中人才很不少，但真做得好的，却似乎只扮演大卫童年的一角，那个孩子应该是不让贾克古柏的。"③

4月中旬 买巴尔扎克的短篇小说、马克·吐温的幽默杂文、毛姆的《南海故事集》阅读，他认为："Maugham（注：毛姆）是现存的英国通俗性作家，我们的文学家们似乎不大愿意提起他，不过实在中国人对他算不得生分，因为他的小说演成影片的很多。这本南海故事是以南洋群岛为背景的几篇小说，颇有梦魅的情调，像吸鸦片一样地。"④

4月末 给宋清如信中谈爱情："我的意见是恋爱借条件而成立，剥夺了条件，便无所谓恋爱，这是皮之不存，毛将附焉的道理，因此恋爱是没有'本身'的。所谓达到情感的最高度，有何意义呢？聪明人是永不会达到情感的最高度

---

① 朱生豪、宋清如：《朱生豪情书全集》（手稿珍藏本）（上），朱尚刚整理，北京：中国青年出版社，2013年，第154—156页。

② 朱生豪、宋清如：《朱生豪情书全集》（手稿珍藏本）（上），朱尚刚整理，北京：中国青年出版社，2013年，第153页。

③ 朱生豪：《朱生豪情书》，朱尚刚整理，上海：上海社会科学院出版社，2003年，第100—101页。

④ 朱生豪：《朱生豪情书》，朱尚刚整理，上海：上海社会科学院出版社，2003年，第103页。

的。究竟你仍然是一个恋爱至上论者，把它看得那么珍重。"并称之江大学同学张荃在爱情中中毒太深，已无法救治，让她去吧。又谈到："阮玲玉之死，足下倘毫不动心，何必辱蒙提起？她死后弟曾为她痛哭七昼夜。假如我说，我因为知道你不喜欢恭维，而故意和你反对，借为反面讨好的手段，你将作如何感想呢？郑天然只送过我一张画片，如果我是女人，当然非吃醋不可。"①

5月初 给宋清如信中谈到之江大学王守伟编年刊之事。

5月中 发薪水后买邮票、信封、信笺等。写信称："吉诃德先生已看了八分之六（六百页），第二部较第一部写得好。昨天看了两本小书，《日本近代小品文选》和《夏目漱石集》。所谓《夏目漱石集》实际只有一篇《哥儿》（已看过了的），一篇《伦敦塔》和一篇序跋文。可看的也就是那篇《哥儿》而已，因此把它重看了一遍。"②并谈到在读劳伦斯的《儿子们和情人们》："这本书较之去年所读的他的 *Lady Chatterleys' Lover*（注：《查泰莱夫人的情人》）（据说是外国《金瓶梅》）要好些，因为后者除了几乎给人压抑感的过量的性行为描写外，很干燥而无味，但这本 *Sons and Lovers*（注：《儿子们和情人们》）的各个人物的性格剖析，都极精细而生动。"③对于发行的现代文学刊，他认为《六艺》"是现代派作家们继《文艺风景》、《文艺画报》、《文饭小品》诸夭折刊物之后的又一个花样儿，编制和《文艺画报》相同。据我所知道他们本来是预备把《现代》复活的，后来仍改出这个杂拌儿的'综合性刊物'，包括文学绘画戏剧电影等东西。施蛰存现在是不声不响着标点国学珍本丛书，起劲干着的，还是叶灵凤穆时英刘呐鸥诸公子，《晨报》（被封禁后现改名《诚报》发行，尚未见过）的《晨曦》便是他们的地盘，常和生活书店一批人寻相骂"④。

6月8日 看电影："华雷斯皮莱的《自由万岁》，这是张难得的片子，我勉强使眼泪不流下来。"看完后因天下大雨，又去对面另一影院看《新女性》，结果失望，"《新女性》我不知怎么说好，主角阮玲玉⑤饰妓女等之类是成功的，扮

朱生豪、宋清如：《朱生豪情书全集》（手稿珍藏本）（上），朱尚刚整理，北京：中国青年出版社，2013年，第167页。

② 朱生豪：《朱生豪情书》，朱尚刚整理，上海：上海社会科学院出版社，2003年，第120页。

③ 朱生豪：《朱生豪情书》，朱尚刚整理，上海：上海社会科学院出版社，2003年，第123页。

④ 朱生豪：《朱生豪情书》，朱尚刚整理，上海：上海社会科学院出版社，2003年，第123页。

⑤ 阮玲玉，20世纪中国著名影星，1935年自杀，留下遗书称"人言可畏"，曾轰动一时，是朱生豪喜欢的影星。

女作家真太不像了，表演老是那个'型'，如是原谅她扮这角色的身份不配的话，那么至少得说她一句毫无进步，看她从前的作品要比现在的作品满意得多。人和蝴蝶①一样，也越变越难看了"。②

　　6月9日　朱生豪写信给宋清如，谈到："从提篮桥到抛球场一段电车总得一二十分钟，等车子的时间不算，到法租界去得四十分钟，没有特别的事总不大上算。我最常到的两条路是四马路和北四川路，四马路自然是因为书店的缘故，其实那是最最俗气的一条马路。静安寺路霞飞路是上海最好的两条路了，但我不能常去，北四川路颇有名士风趣，夹在广东人和日本人之中间，有一种说不出的吊儿郎当。南京路是《东方杂志》，四马路是小报，霞飞路是画报，北四川路是《论语》、《人间世》。"③

　　7月中　朱生豪领取了薪水，去中国国货公司买了一张礼券，随后到上海杂志公司，空手而出，去开明书店买了一本《文学季刊》，后买各种糖而"心中有些得意"，在路上发生两种感想：认为中国古代小说已不能引起他的兴趣，《金瓶梅》令人打瞌睡，《虞初新志》没有什么大意思。《萤窗异草》是仿《聊斋志异》一类的书，文笔庸劣多了。对于中国现代文学中的作品，他认为张天翼的作品浮浅而少修养，靳以的《洪流》还是不错的。④

　　8月16日　朱生豪在提篮桥俄国人开的书店花一角钱买到一本霍桑的小说《带有七个尖角阁的房子》，称"印刷纸张都很好，插图也精美"。⑤

　　8月18日　上午去北四川路的旧书店，连跑几家后讨价还价买了一本都德的《莎泼利奥》，下午去看Ruby Keeler（注：茹碧·凯勒）演的歌舞影片，"她并不是一个了不得的演员，但确是一个darling（注：宝贝），在我的味觉上觉得银幕上没有比她更甜的人，尤其是她说话的音调，孩子气得可爱而异常悦耳。一个人的趣味要变化起来真没办法，现在我简直不要看诗。大概一个人少年时

---

　　①　此应为胡蝶，20世纪中国著名影星，1933年在上海曾被选为"电影皇后"。

　　②　朱生豪、宋清如：《朱生豪情书全集》（手稿珍藏本）（上），朱尚刚整理，北京：中国青年出版社，2013年，第161—162页。

　　③　朱生豪：《朱生豪情书》，朱尚刚整理，上海：上海社会科学院出版社，2003年，第130页。

　　④　朱生豪、宋清如：《朱生豪情书全集》（手稿珍藏本）（上），朱尚刚整理，北京：中国青年出版社，2013年，第164—165页。

　　⑤　朱生豪：《朱生豪情书》，朱尚刚整理，上海：上海社会科学院出版社，2003年，第143页。

是诗人，中年时是小说家，老年时是散文家，这并不指一定有所写作的而言"①。

8月25日　坐汽车至常熟宋清如家中探访，沿途的"一切我全觉得有趣。可是唯一使我快活的是想着将要看见你"②。由于宋母在乡下，由宋的弟弟宋绍璟出面接待。在宋清如和其弟陪同下，宋绍璟请朱生豪吃了鸭面、常熟菱角等，并给他买了鲜藕带回上海送给他寄住的陆高谊老师家。

8月26日　朱生豪从常熟返回上海，一点钟下车，下雨，为躲雨在北四川路广东店里吃饭及冰淇淋，雨稍小后叫黄包车回家。晚上写了一封长信给宋清如，信中对比常熟与自己的家乡嘉兴："常熟和吾乡比起来，自然更是个人文之区，以诗人而论，嘉兴只有个朱竹垞（冒一个'我家'）可以和你们的钱牧斋一较旗鼓，但此外便无人了。就是至今你到吾乡去，除了几个垂垂老者外，很难找出一打半风雅的人来，嘉兴报纸副刊的编辑，大概是属于商人阶级的人或浅薄少年之流，名士一名词在嘉兴完全是绝响的。子弟们出外读书，大多是读工程化学或者无线电什么之类，读文学是很奇怪的。确实的，嘉兴学生的国文程度，皆不过尔尔的多，因为书香人家不甚多，有的亦已衰微，或者改业从商了。常熟也许士流阶级比商人阶级更占势力，嘉兴则全是商人的社会，因此也许精神方面要比前者整饬一点，略为刻苦勤勉一点。此外则因为同属于吴语区域，一切风俗都没有什么两样。"③

9月12日　中秋节，独自一人，晚上看电影《满城风雨》，并写下："中秋的月不如晚秋的月，中秋的月太热闹，应该是属于天伦团聚的家庭或初恋的恋人们的，再过一两个月的月亮，才是我们的月，游子的月。"④

9月14日　借美国心理学家华生的《行为主义的心理学》阅读。

9月15日　因中秋后月饼降价，朱生豪买两块月饼，一块"蚝黄夜月"，一块"蛋黄莲蓉"，对宋清如称感觉月饼皆无味。

9月20日　朱生豪写给宋清如的一封信中谈到读莎士比亚悲剧《泰脱

① 朱生豪：《朱生豪情书》，朱尚刚整理，上海：上海社会科学院出版社，2003年，第143—144页。

② 朱生豪：《朱生豪情书》，朱尚刚整理，上海：上海社会科学院出版社，2003年，第149页。

③ 朱生豪：《朱生豪情书》，朱尚刚整理，上海：上海社会科学院出版社，2003年，第151—152页。

④ 朱生豪：《朱生豪情书》，朱尚刚整理，上海：上海社会科学院出版社，2003年，第161页。

斯·安特洛尼格斯》，详细介绍了剧情及人物，信中结尾处表达出自己对该剧的看法："昨夜读莎士比亚，翻到的是 *Titus Andronicus*（注：《泰脱斯·安特洛尼格斯》），这是莎翁悲剧中最残酷的一本，这故事是《莎氏乐府本事》上所没有的，因此可以讲一讲。……剧中把一片血腥气渲染得很厉害，但无论就文辞或性格的描写而看，这本戏确乎不能说是莎翁的杰作，第一个缺点是太不近人情，第二个缺点是剧中人物缺少独特的性格。但力量与气魄的雄伟仍然显示出莎翁的特色。我最喜爱的两篇莎翁剧本是《暴风雨》和《仲夏夜之梦》，那里面轻盈飘渺的梦想真是太美丽了。"[①]他还称《仲夏夜之梦》的影片最近将于上海上映，由德国舞台巨匠赖因哈特导演，配的音乐是19世纪著名作曲家门德尔松的音乐，戏院的票价将由平时六角钱涨至一块五角。

9月21日　去影院观看卓别林的电影，这是他较喜欢的电影。

9月24日　写给宋清如的信中谈文学、华兹华斯，并附了自己略改的梁遇春译的雪莱的诗《西风歌》部分内容，"看完了一本《我与文学》，读了一些 Wordsworth（注：华兹华斯）的诗，只是赶着一个一个字念下去，什么意味都茫然，一切寂寞得很。研究文学这四个字很可笑，一切的文学理论也全是多事，我以为能和文学发生关系的，只有两种人，一种是创作者，一种是欣赏者，无所谓研究。没有生活经验，便没有作品，在大学里念文学史文学批评某国文学什么什么作法之类的人，都是最没有希望的人，如果考据版本校勘错字或者营稗贩业于文坛之流的都足以称为文学者，或作家，那么莎士比亚、高尔基将称为什么呢？"[②]

10月13日　看美国电影《泰山情侣》。

10月中旬　看电影《亨利第八》，寄给宋清如一些外国素描、水粉的印刷画片，读英国作家奥斯卡·王尔德的小说《道连·格雷的画像》。

10月27日　周日中午出门，于知味观吃片儿川，然后去看应云卫导演的《时势英雄》，朱生豪的书信中提到，尚冠武在主演的这部片子中演技已经炉火纯青了，他和《桃花扇》中的胡萍是今年国产电影中最可称道的收获。晚又观

① 朱生豪：《朱生豪情书》，朱尚刚整理，上海：上海社会科学院出版社，2003年，第165、168页。

② 朱生豪、宋清如：《朱生豪情书全集》（手稿珍藏本）（下），朱尚刚整理，北京：中国青年出版社，2013年，第247页。

看了由萨克雷小说《名利场》改编的新彩色电影《浮华世界》。

10月31日 看法国电影《决不要离开我》。

11月6日 看美国电影《铁蹄情泪》后，接着又去光陆影院看英国电影《土宫秘密》。

11月10日 去苏州游灵岩天平山，在返回上海的火车上，读李金发的诗集《为幸福而歌》，认为李金发的诗歌最大的毛病在于不精练，缺少一致性，只是一堆印象的、随便的、无组织的集合，再加以不通的成分，使人不耐卒读，但真如细心读下去，也能发现一些确乎可爱的诗句，并称李金发诗中有好的句子。

12月 买《莫泊桑短篇小说全集》，书中收莫泊桑小说共二百二十篇。

12月30日 朱生豪写给宋清如的信中仿鲁迅《我的失恋》一诗写下：

> 我所思兮在之江，
> 欲往从之身无洋，
> 低头写信泪汪汪。
> 爱人赠我一包糖，
> 何以报之兮瓜子大王，
> 从此翻脸不理我，
> 不知何故兮吊儿郎当！ ①

12月31日 朱生豪和宋清如谈到翻译：为了拘泥文字，他们会把"for the simple reason that..."翻作"为了单纯的理由就是……地"，for＝为了……地（因为这是adverbial phrase，故用"地"字表明），simple＝单纯的（凡adjective必须加"的"字），reason＝理由，that则用"就是"表明，the却没有译出，其实应当再加上"这个"两字。简直叫人读了气死。"只是为了……的理由"岂不又明白又正确。最可笑的就是"地"字的胡用，如queenly作副词时，便会译作（应当说"被"译作）"女王地"，女王怎么"地"法呢？ microscopically便是"显微镜地"。for some mysterious reason便是"为了某种不可思议的理由地"。

---

① 朱生豪：《朱生豪情书》，朱尚刚整理，上海：上海社会科学院出版社，2003年，第218页。

1936年（民国二十五年） 24岁

▲10月，鲁迅在上海病逝，终年55岁。

本年　朱生豪译成他的第一部译作《暴风雨》，接着尝试翻译《仲夏夜之梦》，尝试成功，信心倍增，计划用两年时间译完全集。将历年所写诗稿整理成册，命名为《古梦集》《小溪集》《丁香集》，共三册。

1月5日　早上看电影《三剑客》，下午在寓所看清代西周生的小说《醒世姻缘传》。

1月中旬　春节临近，朱生豪称家中有急事，向书局告假回家一趟，当日下班后他连夜乘火车去杭州与宋清如会面，并在信中记录了这次"出逃"："……那晚上一个人踽踽地从火车上下来，冒雪上山，连路都辨不清，好容易发现了一部黄包车，一跌一滑地在雪中拖着，足足拖了半天工夫才拖到。我向你形容不出我那时的奇怪的愉快，我也忘记了这次来是为看你，简直想在雪中作一次整夜的旅行，那才有聊！无论如何，我总觉得这次来看你较之以前各次使我快乐得多，最大的原因是因为这次是偷逃出来的缘故。回来之后，他们问我回家去有什么要紧事，我只回答一个神秘的微笑，心里有说不出的满足，仿佛一个孩子干了一件有趣的mischief（注：恶作剧）一样。"①

1月21日　写信给宋清如，谈到薪水从2月起为大洋五十，较刚工作七十大洋降了二十。

1月22日　从上海回嘉兴过年。

1月26日　返回上海，下午与书局同事看电影《娜娜》。

2月3日　朱生豪写信给宋清如，提到经济拮据，心情郁闷，并提及郑天然托他买两部佛典，因价钱要十块左右，实在无法买给郑。手头的《战争与和

---

①　朱生豪：《朱生豪情书》，朱尚刚整理，上海：上海社会科学院出版社，2003年，第227—228页。

平》也已读完，想买新书却苦于无钱。晚回到寓所躺在床上默默流泪，信中写下："你记不记得我'怜君玉骨如雪洁，奈此烟宵零露溥'两句诗？这正和你说的'我不知道她们静静地躺在泥里是如何沉味'是同样的意思。这种话当然只是一种空想，现代的科学观已使人消失了对于死的怖惧，但同时也夺去了人们的安慰。在从前一个人死时可以相信将来会和他的所爱者在天上重聚，因此死即是永生，抱着这样的思想，他可以含笑而死。但在现在，人对于死是一点希望都没有的，痛苦的一生的代价，只是一切的幻灭而已，死顶多只是一种免罪，天堂的幸福不过是一种妄想，而失去的人是永远失去了的。"①

2月中旬 宋清如返回之江大学途中去上海平凉路朱生豪住处与之会面，因未提前告知，朱生豪与之见面后极喜。

2月22日 读辛克莱的《人生鉴》，认为文章很好，有很多实用的知识，尤其是关于吃的方面。此书由傅东华译，上海世界书局出版。

2月23日 看英国电影《十三日星期五》，"轻描淡写地叙述了一些平常社会的偶然事件，非滑稽亦非讽刺，而是可喜的幽默。有人以为它的目的是破除迷信，证明十三日星期五并非不祥，真太幼稚了"②。

3月9日 朱生豪写信给宋清如："你一定想不到我仍然是那样落拓，昨晚回来，付了黄包车钱，身边所剩的一张两角大洋票，便是所有的财产。本来有三十几块钱在，被家里逼着寄三十块去还债，余下的自己花了。回去饭已没有，故在路上小饭馆里吃了一碗面，至今想着有些恶心，令我眷念起西爽斋来。"③

3月中 朱生豪观看卓别林演的《摩登时代》，评价道："《摩登时代》使我们那些'浅薄的高明者'眩目的地方只是在于它采取了一个'摩登'的题材，事实上是已不新异了的对于机械文明的'讽刺'。卓别林本人颇有一些诗人的素质，但我们的批评家们要尊他是一个思想家时，却未免揄扬过当了。……《摩登时代》不曾使我们失望（虽然也许他所得的评价比它所应得的更高一些），至

---

① 朱生豪：《朱生豪情书》，朱尚刚整理，上海：上海社会科学院出版社，2003年，第237页。
② 朱生豪、宋清如：《朱生豪情书全集》（手稿珍藏本）（下），朱尚刚整理，北京：中国青年出版社，2013年，第362页。
③ 朱生豪、宋清如：《朱生豪情书全集》（手稿珍藏本）（下），朱尚刚整理，北京：中国青年出版社，2013年，第337页。

少我们在看这片子里对于生理上心理上都有益卫生的事。"①

3月26日　给宋清如的信中写道："我把我的灵魂封在这封信里。你去旅行的时候，请把它随身带在口袋里，挈带它同去玩玩，但不许把它失落在路上。"②

3月30日　郑天然寄三本《世界名曲文库》给朱生豪，有《俄罗斯歌曲集》《法里雅歌曲集》《舒伯特歌曲集》。

4月6日　借六本弗洛伊德的《精神分析引论》，准备一口气全部读完。

4月7日　买夏洛蒂·勃朗特的《简·爱》一书。

4月11日　在信中告诉宋清如："编辑所里充满了萧条气象，往年公司方面裁员。今年有好几个人自动辞职，人数越减越少，较之我初进去时已少了一大半，实在我也觉得辞了职很爽快，恋着这种饭碗，显得自己的可怜渺小。可是自己实在什么都不会干，向人请托谋事又简直是要了我的命，住在家里当然不是路数。我相信我将来会饿死。"③

4月28日　看美国导演威廉·迪亚特尔执导的、根据莎士比亚同名喜剧改编的电影《仲夏夜之梦》。

5月初　朱生豪列出一份收支账单，2月至5月他的正式收入为127元，额外工资65元，欠薪发还30元，共收入222元；其中膳食支出60元，寄家60元，借去30元，不可免的用途7元，浪费50元，净余15元。

6月初　写下打油诗《我爱宋清如》三首：

　　我爱宋清如，风流天下闻；红颜不爱酒，秀颊易生氛。
　　冷雨孤山路，凄风苏小坟；香车安可即，徒此把清芬。

　　我爱宋清如，诗名天下闻；无心谈恋爱，埋首写论文。
　　夜怕贼来又，晓嫌信到频；怜余魂梦阻，旦暮仰孤芬。

---

①　朱生豪：《朱生豪情书》，朱尚刚整理，上海：上海社会科学院出版社，2003年，第174—175页。

②　朱生豪、宋清如：《朱生豪情书全集》（手稿珍藏本）（下），朱尚刚整理，北京：中国青年出版社，2013年，第340页。宋清如以此为书名编《寄在信封里的灵魂——朱生豪书信集》，北京：东方出版社，1995年。

③　朱生豪：《朱生豪情书》，朱尚刚整理，上海：上海社会科学院出版社，2003年，第248—249页。

我爱宋清如，温柔我独云；三生应存约，一笑忆前盟。
莫道缘逢偶，信知梦有痕；寸心怀凤好，常艺瓣香芬。①

6月7日　周日，看高尔斯华绥的小说《在法庭上》，然后去卡尔登看捷克斯洛伐克电影《青年之恋》，在四马路买过期的廉价漫画杂志数本。

6月14日　大弟朱文振来上海，朱生豪陪同其游玩。

6月20日　读辛克莱的《人生鉴》。

6月21日　朱生豪试译两页莎士比亚，认为还算顺利，但自己并不满意，预备全部用散文译出。

6月22日　看英国电影《十三日星期五》。

6月25日　朱生豪写信告诉宋清如，其弟朱文振称他如果把莎士比亚翻译成功，他将成为一个民族英雄。"我这两天大起劲，Tempest（《暴风雨》）的第一幕已经译好，虽然尚有应待斟酌的地方。做这项工作，译出来还是次要的工作，主要的工作便是把僻奥的糊涂的弄不清楚的地方查考出来。因为进行得还算顺利，很抱乐观的样子。如果中途无挫折，也许两年之内可以告一段落。虽然不怎样正确精美，总也可以像个样子。"②

6月末　看俄国剧作家A.N.奥斯特洛夫斯基创作的舞台剧《大雷雨》。

7月18日　看英国伦敦影片公司出品的《鬼往西方》。

7月19日　看电影《罪与罚》。

7月26日　信中记录："近来这两天工作效率很高，日间十足做五小时半工作，晚上做夜工三小时。"③

7月末　宋清如从之江大学毕业，经钟钟山先生介绍准备到湖州私立民德女校任教。

7月31日　写信给宋清如提到："我已把Tempest（注：《暴风雨》）译好一半，全剧共约四万字，……这篇在全集中也算是较短的。一共三十七篇，以平

　①　朱生豪、宋清如：《伉俪——朱生豪宋清如诗文选》，朱尚刚整理，北京：中国青年出版社，2013年，第72页。
　②　朱生豪：《朱生豪情书》，朱尚刚整理，上海：上海社会科学院出版社，2003年，第273页。
　③　朱生豪：《朱生豪情书》，朱尚刚整理，上海：上海社会科学院出版社，2003年，第271页。

均每篇五万字计，共一百八十五万言，你算算要抄多少时候？"①朱生豪沉迷于译莎，他觉得近来夜里很好睡，虽然有时很夜深，臭虫很奇怪变少了，也许因为人倦不觉得。蚊子比较多，叮就让它叮去，没有功夫理它们。

8月2日　在信中告诉宋清如已译完《暴风雨》的第三幕，还剩三分之一，希望在四五天内完成。

8月8日　写成译者题记，对《暴风雨》一剧的评价为："本剧是莎翁晚期的作品，普遍认为是他的最后一本剧作。以取材的神怪而论，很可和他早期的《仲夏夜之梦》相比，但《仲夏夜之梦》的特色是轻倩的抒情的狂想，而《暴风雨》则更深入一层，其中有的是对于人间的观照，象征的意味也格外浓厚而丰富，在艺术上更摆脱了句法音律的束缚，有一种老笔浑成的气调。或云普洛士丕罗是作者自身的象征，莎翁以普氏的脱离荒岛表示自己从写作生活退隐的决心，如果这不仅仅是一种猜测，那么读者在披读本剧时，也许更能体味一番作者当时的心境吧。"②

朱生豪根据翻译《暴风雨》的体会，给自己制订了两年内完成的计划。

8月17日　朱生豪在给宋清如的信中说今晚译好《仲夏夜之梦》的第一幕，并称《仲夏夜之梦》比《暴风雨》容易译，他拟订的计划是分四部分动手：第一，喜剧杰作；第二，悲剧杰作；第三，英国史剧全部；第四，次要作品。《仲夏夜之梦》是初期喜剧的代表作，故列为开首第一篇。"今天已把所抄的你的二本诗寄出，希望你见了不要生气。今天下雨，很有了秋意。湖州有没有什么可以玩玩的地方，人家陪不陪你出去走走？除国文外，你还教些什么功课？《仲夏夜之梦》比《暴风雨》容易译，我不曾打草稿，……"③

9月下旬　读《哈姆莱特》，每晚读到很晚，朱生豪认为"Hamlet（注：《哈姆莱特》）是一本深沉的剧本，充满了机智和冥想，但又是极有戏剧效果，适宜于上演的。莎士比亚的所以伟大，一个理由是因为他富有舞台上的经验，因此他的剧本没一本是沉闷而只能在书斋里阅读。譬如拿歌德的Faust（注：《浮士德》）

---

①　朱生豪：《朱生豪情书》，朱尚刚整理，上海：上海社会科学院出版社，2003年，第276—277页。

②　吴洁敏、朱宏达：《朱生豪传》，上海：上海外语教育出版社，1989年，第262页。

③　朱生豪、宋清如：《朱生豪情书全集》（手稿珍藏本）（下），朱尚刚整理，北京：中国青年出版社，2013年，第402页。

来说吧，尽管它是怎样伟大，终不免是一部使现代人起瞌睡之思的作品，诗的成分太多而戏剧的成分缺乏，但在莎氏的作品中，则这两个成分是同样的丰富，无论以诗人而论或戏剧家而论，他都是绝往无继"①。他认为读戏曲反而比读小说有趣得多，如果小说较短则兴味也淡薄一些，如果小说太长，读者的兴味有时要中断，"但戏剧，比如说五幕的一本，那就不嫌太长，不嫌太短。因为是戏剧的缘故，故事的布置必然是更加紧密，个性的刻划必然是更加显明，剧作者必然希望观众的注意的集中不懈。因此，所谓'戏剧的'一语，必然含有'强烈的'、'反平铺直叙的'的意味。如果能看到一本好的戏剧的良好的演出，那自然是更为有味的事，可惜在中国不能多作这样的奢望。上次在金城看演果戈里的《巡按》，确很能使人相当满意（而且出人意外地居然很卖座，但我想这是因为原剧通俗的缘故），也许有一天正式的话剧会成为中国人的嗜好吧？但总还不是在现在。卖野人头的京剧（正统的京剧我想已跟昆曲同样没落了，而且也是应该没落的）太不堪了。在上海是样样都要卖野人头的，以明星登台为号召的无聊的文明戏，也算是话剧，非驴非马的把京戏和'新戏'杂糅一下便算是'乐剧'，嘴里念着英文，身上穿着中国戏台上的古装，一面打躬作揖，便算是演给外国人看的中国戏。当然这些都算是高等的，下此不必说了。以舞台剧和电影比较，那么显然前者的趣味是较为 classical（注：经典的）的，我想现代电影有压倒舞台剧之势，这多半是与现代人的精神生活有关，就我所感觉到的，去看舞台剧的一个很不写意的地方，就是时间太长，除非演独幕剧。如果是一本正式的五幕剧，总要演到三个半至四个钟头的工夫，连幕间的间歇在内，这种长度在习惯于悠闲生活的人原不觉得什么，但在过现代生活的人看来就很觉气闷"②。

9月下旬 读完 Arnold Bennett（注：阿诺德·本涅特，英国作家）作的小说 *Imperial Palace*（注：《皇宫》），并评论这部小说规模宏大，内容是商业题材，作风趣味都是美国化的，而中国商业题材方面的小说只有《子夜》，二者相比，《子夜》就显得规模太小。小说虽然写得很好，但终究还有流于庸俗之感。"他所剖析的是近代资本主义社会中个人的内面和外面生活之关系（或冲突），……

---

① 朱生豪、宋清如：《朱生豪情书全集》（手稿珍藏本）（下），朱尚刚整理，北京：中国青年出版社，2013年，第406页。

② 朱生豪、宋清如：《朱生豪情书全集》（手稿珍藏本）（下），朱尚刚整理，北京：中国青年出版社，2013年，第406页。

其中颇多入微的心理分析，这或者是作者技术最主要的地方。"[1]

9月30日 中秋节，给宋清如写信称自己这两天整天整夜都在惊惧忧疑的噩梦中，中秋对自己而言毫无意义。

10月2日 朱生豪给宋清如的信中谈到翻译莎士比亚戏剧的进度，并具体谈及译时的一些想法：

> 今夜我的成绩很满意，一共译了五千字，最吃力的第三幕已经完成（单是注也已有三张纸头），第四幕译了一点点儿，也许明天可以译完，因为一共也不过五千字样子。如果第五幕能用两天工夫译完，那么仍旧可以在五号的限期完成。第四幕梦境消失，以下只是些平铺直叙的文章，比较当容易一些，虽然也少了兴味。
>
> 一译完《仲夏夜之梦》，赶着便接译《威尼斯商人》，同时预备双管齐下，把《温德塞尔的风流娘儿们》预备起来。这一本自来不列入"杰作"之内，*Tales from Shakespeare*（注：《莎氏乐府本事》）里也没有它的故事，但实际上是一本最纯粹的笑剧，其中全是些市井小人和莎士比亚戏曲中最出名的无赖骑士 Sir John Falstaff（注：约翰·福斯塔夫爵士，莎士比亚多部历史剧中的人物），写实的意味非常浓厚，可说是别创一格的作品。苏联某批评家曾说其中的笑料足以抵过所有的德国喜剧的总和。不过这本剧本买不到注释的本子，有许多地方译时要发生问题，因此不得不早些预备起来。以下接着的三种《无事烦恼》、《如君所欲》和《第十二夜》，也可说是一种"三部曲"，因为情调的类似，常常相提并论。这三本都是最轻快优美，艺术上非常完整的喜剧，实在是"喜剧杰作"中的"代表作"。因为注释本易得，译时可不生问题，但担心没法子保持原来对白的机警漂亮。再以后便是三种晚期作品，《辛俾林》和《冬天的故事》是"悲喜剧"的性质。末后一种《暴风雨》已经译好了，这样便完成了全集的第一分册。我想明年二月一定可以弄好。
>
> 然后你将读到《罗密欧与朱丽叶》，这一本恋爱的宝典，在莎氏初期作

---

[1] 朱生豪、宋清如：《朱生豪情书全集》（手稿珍藏本）（下），朱尚刚整理，北京：中国青年出版社，2013年，第409页。

品中，它和《仲夏夜之梦》是两本仅有的一喜一悲的杰作，每个莎士比亚的年轻的读者，都得先从这两本开始读起。以后便将风云变色了，震撼心灵的四大悲剧之后，是《该撒》、《安东尼与克里奥佩特拉》、《考列奥莱纳斯》三本罗马史剧。这八本悲剧合成全集的第二分册，明年下半年完成。

但是我所最看重，最愿意以全力赴之的，却是篇幅比较最多的第三分册，英国史剧的全部。不是因为它比喜剧悲剧的各种杰作更有价值，而是因为它从未被介绍到中国来过。这一部酣畅淋漓一气呵成的巨制（虽然一部分是出于他人之手），不但把历史写得那么生龙活虎似的，而且有着各种各样精细的性格描写，尤其是他用最大的本领创造出 Falstaff（你可以先在《温德塞尔的风流娘儿们》中间认识到他）这一个伟大的泼皮的喜剧角色的典型，横亘在《亨利第四》《亨利第五》《亨利第六》各剧之中，从他的黄金时代一直描写到他的没落。然而中国人尽管谈莎士比亚，谈哈姆莱德，但简直没有几个人知道这个同样伟大的名字。

第三分册一共十种，此外尚有次要的作品十种，便归为第四分册。后年大概可以全部告成。告成之后，一定要走开上海透一口气，来一些闲情逸致的玩意儿。当然三四千块钱不算是怎么了不得，但至少可以优游一下，不过说不定那笔钱正好拿来养病也未可知。我很想再做一个诗人，因为做诗人最不费力了。实在要是我生下来的时候上帝就对我说"你是只好把别人现成的东西拿来翻译翻译的"，那么我一定要请求他把我的生命收回去。其实直到我大学二年级为止，我根本不曾想到我会干（或者屑于）翻译。可是自到此来，每逢碰见熟人，他们总是问，你在做些什么事？是不是翻译？好像我唯一的本领就只是翻译。对于他们，我的回答是"不，做字典"。当然做字典比起翻译来更是无聊得多了，不过至少这可以让他们知道我不止会翻译而已。[①]

10月7日 为争取早日完成译著，朱生豪连夜工作九小时译莎。

10月8日 "《仲夏夜之梦》总算还没有变成《仲秋夜之梦》，全部完成了。

---

① 朱生豪、宋清如：《朱生豪情书全集》（手稿珍藏本）（下），朱尚刚整理，北京：中国青年出版社，2013年，第412—413页。

今天我要放自己一天假，略为请请自己的客，明天便得动手《威尼斯商人》。"①

10月11日　下午去大新公司游艺场溜达放松，观看苏联电影《杜勃劳夫斯基》。

10月中旬　宋清如于湖州私立民德女校收到朱生豪寄来的译稿《仲夏夜之梦》。

10月21日　小弟朱陆奎从厦门抵沪，两人见面，当晚宿朱生豪处。

10月22日　送朱陆奎上火车回嘉兴，写信给宋清如，请她抄写译好的《暴风雨》，并将《仲夏夜之梦》第一幕更正两处："《仲夏夜之梦》第一幕的更正：注中关于Ercles的第一条，原文划去，改作'赫邱里斯（Hercules）之讹，古希腊著名英雄'。Ercles的译名改厄克里斯，Pyramus的译名改匹拉麦斯。抄写的格式，照你所以为最好的办法。《暴风雨》已和这信同时寄出。"②

10月24日　因陆高谊迁居租界③，朱生豪搬至汇山路原之江大学老师胡山源家暂居。

10月末　观看根据美国作家刘易斯同名小说改编的电影《孔雀夫人》。

10月31日　朱生豪给宋清如信中谈译莎的情况："第一译莎剧的工作，无论胜不胜任，都将非尽力做好不可了；……《暴风雨》的第一幕你所看见的，已经是第三稿了，其余的也都是写了草稿，再一路重抄一路修改，因此不能和《仲夏夜之梦》的第一幕相比（虽则我也不曾想拆烂污），也是意中事。第二幕以下我翻得比较用心些，不过远较第一幕难得多，其中用诗体翻出的部分不知道你能不能承认像诗，凑韵、限字数，可真是麻烦。这本戏，第一幕是个引子，第二三幕才是最吃重的部分，第四幕很短，第五幕不过一班小丑扮演那出不像样的悲剧。现在第三幕还剩一部分未译好。……你相不相信在戏剧协社（？）上演《威尼斯商人》之前，文明戏班中便久已演过它了，从前文明戏在我乡大为奶奶小姐们所欢迎（现在则为绍兴戏所代替着，趣味更堕落了，因为那时的文明戏中有时还含一点当时的新思想），那时我还不过十二三岁的样子，戏院中

---

① 朱生豪、宋清如：《朱生豪情书全集》（手稿珍藏本）（下），朱尚刚整理，北京：中国青年出版社，2013年，第422页。
② 朱生豪、宋清如：《朱生豪情书全集》（手稿珍藏本）（下），朱尚刚整理，北京：中国青年出版社，2013年，第416页。
③ 此时沪上已传多日，日军即将进犯，所以陆高谊举家迁往租界躲避。

常将《威尼斯商人》排在五月九日①上演，改名为《借债割肉》，有时甚至于就叫做《五月九日》，把Shylock（注：夏洛克）代表日本，Antonio（注：安东尼）代表中国，可谓想入非非。此外据我所记得的像 Much Ado about Nothing（注：《无事烦恼》）和 Two Gentlemen of Verona（注：《维洛那二士》）也都做过，当然他们决没有读过原文，只是照 Tales from Shakespeare 上的叙述七勿搭八地扮演一下而已，有时戏单上也会标出莎翁名剧的字样，但奶奶小姐们可不会理会。"②

11月8日　星期天，朱生豪逛城隍庙，在ISIS电影院连看三部苏联电影——《雷雨》《北极英雄》《齐天乐》，电影是他主要的放松方式。

11月12日　做夜工到两点，"算是校订过了两遍，校对过了三次的样子，拿到我手里仍然要改得一塌糊涂，其实偷懒些也不妨事，可是我又不肯马马虎虎。人也总是，白天尤其是上半天总是有气没力的，一过了夜里十点钟，便精神百倍，夜猫的生活虽然也颇有意味，可奈白天不得睡觉何"③。

11月14日　朱生豪在给宋清如的信中说："请给我更正：《暴风雨》第二幕第二场卡列班称斯蒂芬诺为'月亮里的人'；又《仲夏夜之梦》最后一幕插戏中一人扮'月亮里的人'。那个月亮里的人在一般传说中是因为在安息日捡了柴，犯了上帝的律法，所以罚到月亮里去，永远负着一捆荆棘。原译文中的'树枝'请改为'柴枝'或'荆棘'。后面要是再加一条注也好。"④

11月20日　信中记录：抄《威尼斯商人》一千字，费时两个钟头。

11月24日　在汇山路附近另租房，朱生豪在信中告诉宋清如："今夜住在陌生的所在，这里并不预备久住，因为他们并没有空屋，做事不方便，否则环境倒是很好，因为居停是同事又是前辈同学，人也很好；有了相当的房子就搬走，大概少则住个把星期，多则住个把月。"⑤仍于胡山源先生家里搭伙。

12月2日　朱生豪所在的世界书局的经理陆高谊向全体职员发《告同人

　　①　1915年5月9日，袁世凯为换取日本支持他恢复帝制的阴谋，宣布承认日本方面提出的丧权辱国的"二十一条"，后来这一天被认为"国耻日"。
　　②　朱生豪、宋清如：《朱生豪情书全集》（手稿珍藏本）（下），朱尚刚整理，北京：中国青年出版社，2013年，第420—421页。
　　③　朱生豪、宋清如：《朱生豪情书全集》（手稿珍藏本）（下），朱尚刚整理，北京：中国青年出版社，2013年，第438页。
　　④　朱生豪：《朱生豪情书》，朱尚刚整理，上海：上海社会科学院出版社，2003年，第297页。
　　⑤　朱生豪、宋清如：《朱生豪情书全集》（手稿珍藏本）（下），朱尚刚整理，北京：中国青年出版社，2013年，第432页。

书》："国难日急，吾业至危，华北数省，固无论矣，其他多处，影响所至，门可罗雀。良以吾业为'富贵生意'，银根一紧，饭不能不吃，而书尽可不买。本局处此，真如巧妇难为无米之炊，往昔人富我穷，尚能东扯西拉，勉强应付；现在人穷而我更穷，欲求勉强过去，亦不可得。去年通融万元不难，今年通融千元不易。大势所趋，固非本局一家为然，但长此以往，将何以堪？兴念及此，不寒而栗。经商之道，不外开源节流。但开源，标点书已售至一折四扣，试问尚有何源可开？节流，一年来已省至省无可省，试问又有何流可节？进无可战，退无可守，进退维谷，为之奈何？诸位患难相共，情谊素殷，惟环境如此，实非一二人之能力所能挽救，用布愚忱，谨候高见，果有善策，转危为安，则幸甚矣。"[1]

12月3日　去码头接同学郑天然，因郑没有告知确切的时间，朱生豪去时轮船已到，郑天然已离开，二人未能会面。当晚朱生豪写信叮咛宋清如在抄译稿时，如原稿上文句方面应当修改的就修改，标点可不必依照原稿，他称自己几乎是完全依照原文的样子，原文中标点的方法和近代英文的标点并不相同。

12月5日　所住居所的二房东请仙人捉鬼，朱生豪看到此情形，在信中称所住的弄堂里有一家"西方莲花佛会"，迷信氛围特别浓厚。

12月6日　上午在虞洽卿路（西藏中路）一个弄堂里的常州面店吃排骨面，下午看欧阳予倩导演，谈瑛、赵丹主演的电影《小玲子》，然感无趣，又去看嘉宝主演、由托尔斯泰小说《安娜·卡列尼娜》改编的电影《春残梦断》，晚上在信中对宋清如谈到《威尼斯商人》让他呕尽了心血。当然，他也有新的进步，他称为得意之处："剧中的小丑Launcelot（注：朗斯洛特）奉他主人基督徒Bassanio（注：巴萨尼奥）之命去请犹太人Shylock（注：夏洛克）吃饭。说My young master doth expect your reproach。Launcelot是常常说话用错字的，他把approach（注：前往）说作reproach（注：谴责），因此Shylock说，So do I his，意思说So do I expect his reproach。这种地方译起来是没有办法的，梁实秋这样译：'我的年青的主人正盼望着你去呢。——我也怕迟到使他久候呢。'这是含糊混过的办法。我想了半天，才想出了这样的译法：'我家少爷在盼着你赏光哪。——我也在盼他'赏'我个耳'光'呢。'Shylock明知Bassanio请他不过是一种外交手段，心里原是看不起他的，因此这样的译法正是恰如其分，不单是

①　朱尚刚：《诗侣莎魂——我的父母朱生豪、宋清如》，北京：商务印书馆，2016年，第164页。

用'赏光—赏耳光'代替了'approach-reproach'的文字游戏而已，非绝顶聪明，何能有此译笔？！"①

12月12日　于四川北路逛旧书摊，在旧书店俄国人那里以低价买到了一本寤寐求之的《温德塞尔的风流娘儿们》（他给了老板一角钱，老板找给他十五个铜板），在朱生豪有关莎士比亚的藏书里，这本是最便宜的，书的注释虽不多但扼要。他还记录了马路上看到的情形："日本兵的一个特色就是样子怪可怜相的，一点没有赳赳武夫的气概，中国兵至少在神气上要比较体面得多。他们不高的身材擎着枪呆若木鸡地立着，脸上没有一点表情，而对面的中国警察则颇有悠游不迫之概。"②

12月13日　朱生豪费了十余天工夫，终于将《仲夏夜之梦》重写完毕，并给自己限定目标，将《威尼斯商人》在二十天内改抄完，"倒了我胃口的是这本《威尼斯商人》，文章是再好没有，难懂也并不，可是因为原文句子的凝练，译时相当费力，我一路译一路参看梁实秋的译文，本意是贪懒，结果反而受累，因为看了别人的译文，免不了要受他的影响，有时为要避免抄袭的嫌疑，不得不故意立异一下，总之在感觉上很受拘束，文气不能一贯顺流，这本东西一定不能使自家满意。梁译的《如愿》，我不敢翻开来看，还是等自己译好了再参看的好"③。

12月14日　朱生豪称成绩太可怜，为了一个句子的译法他苦想了一个半钟头，"《威尼斯商人》到现在还不过译好四分之一，一定得好好赶下去"④。信中他还透露出对开战的担忧，他不希望生活中有任何变化，"只有心如止水"，译莎的工作才有可能尽早完成。

12月中旬　写信给宋清如谈对于翻译音韵修改的看法："你要把'快活地快活地我要如今'一行改作'……我如今要'，此行不能改的理由第一是因为'今'和下行的'身'协韵，第二此行原文'Merrily merrily I will now'其音节为—∨∨｜—∨∨｜—∨｜—，译文'快活地｜快活地｜我要｜如今'仍旧是扬

---

①　朱生豪：《朱生豪情书》，朱尚刚整理，上海：上海社会科学院出版社，2003年，第304页。

②　朱生豪、宋清如：《朱生豪情书全集》（手稿珍藏本）（下），朱尚刚整理，北京：中国青年出版社，2013年，第441页。

③　朱生豪：《朱生豪情书》，朱尚刚整理，上海：上海社会科学院出版社，2003年，第306—307页。

④　朱生豪、宋清如：《朱生豪情书全集》（手稿珍藏本）（下），朱尚刚整理，北京：中国青年出版社，2013年，第443页。

抑格四音步，不过在末尾加上了一个抑音，如果把'我如'读在一起，'今要'读在一起，调子就破坏了……"①

12月中旬　朱生豪左半的胸背上生了许多颗粒状的东西，挤之出水，没有什么痛楚，也不发痒，可是很难受，准备去看医生，"可是没有妈妈陪着，很胆怯，怎么办？"②

12月20日　给宋清如的信中写道："对于《威尼斯商人》的迄今仍未完工，真是性急得了不得，可是没法子，只好让它慢吞吞地进行着。无论如何，过了这个星期日一定可以寄给你看一遍，比起梁实秋来，我的译文是要漂亮得多的。"③

12月下旬　朱生豪写信给宋清如，信中主要谈自己的译莎工作："我已把一改再改三改的《梵尼斯商人》（威尼斯也改成梵尼斯了）正式完成了，大喜若狂，果真是一本翻译文学中的杰作！把普通的东西翻到那地步，已经不容易。莎士比亚能译到这样，尤其难得，那样俏皮，那样幽默，我相信你一定没有见到过。《温德莎尔的风流娘儿们》已经译好一幕多，我发觉这本戏不甚好，不过在莎剧中它总是另外一种特殊性质的喜剧。这两天我每天工作十来个钟头，以昨天而论，七点半起来，八点钟到局，十二点钟吃饭，一点钟到局，办公时间，除了尽每天的本分之外，便偷出时间来，翻译查字典，四点半出来剃头，六点钟吃夜饭，七点钟看电影，九点钟回来工作，两点钟睡觉，Shhhh（注：象声词，嘘）！忙极了，今天可是七点钟就起身的。*As You Like It*（注：《皆大欢喜》）是最近看到的一部顶好的影片，我没有理由不相信我对于Bergner（注：伯格纳）的爱好更深了一层，那样甜蜜轻快的喜剧只有莎士比亚能写，重影在银幕上真是难得见到的，莱因哈德④的《仲夏夜之梦》是多么俗气啊。《梵尼斯商人》明天寄给你，看过后还我。"⑤

12月末　患猩红热，病情险重，但他并未去医院。由于朱生豪已经接连几

---

① 朱生豪：《朱生豪情书》，朱尚刚整理，上海：上海社会科学院出版社，2003年，第310页。

② 朱生豪、宋清如：《朱生豪情书全集》（手稿珍藏本）（下），朱尚刚整理，北京：中国青年出版社，2013年，第445页。

③ 朱生豪、宋清如：《朱生豪情书全集》（手稿珍藏本）（下），朱尚刚整理，朱尚刚整理，中国青年出版社，2013年，第446页。

④ 马克斯·莱因哈特（Max Reinhardt，1873—1943），奥地利导演、演员、戏剧活动家。

⑤ 朱生豪、宋清如：《朱生豪情书全集》（手稿珍藏本）（下），朱尚刚整理，北京：中国青年出版社，2013年，第446—447页。

顿没有去胡山源家吃饭，也没有打过招呼，胡师母去朱生豪住处探望，发现他病倒在床上，立即将他送往附近医院，经检查是猩红热，于是转院至海宁路的工部局华人隔离医院治疗。

胡山源于1963年6月1日回忆道："陆（高谊）迁居法租界神父路（今瑞金二路），朱生豪就搬住在我所住的弄堂内，并在我家吃饭。有一次，他几顿不来吃，亦没有向我们打过招呼。我的爱人便到他住的房间里去看看，谁知他竟病倒在床上，病势很严重，立即送医院，检查出来，竟是猩红热险症。连夜为之打电话通知他的家属。病愈出院后，仍在我家吃饭。"[1]

12月29日　朱生豪从上海海宁路工部局华人隔离医院寄出一张明信片给宋清如，以英文书写，原文意为他身体恢复很快，并记下测量的脉搏为每分钟72次、体温98.4 °F，并告之医生说他在1月1日可以下床，1月13日可以出院。

1937年（民国二十六年）　25岁

1月1日至12日　在海宁路工部局华人隔离医院养病。

1月8日　朱生豪寄给宋清如一张明信片，上面写道："我用这个给你写信，因为我还剩有一张明信片。五天以后就要出院，但我对此并不热切。因为已经休息得不耐烦了，所以马上就要回去工作。去办公室上班实在没劲！但不管怎么说，能重新回到我的莎士比亚那里去总是高兴的。现在正在读奥斯加·王尔德的小说，我并不喜欢他。我想见你，不知有没有机会。"[2]

1月13日　出院返回汇山路租住所。

朱生豪出院后立即开始译莎工作，"我已恢复了早上七点半起身晚上十二点睡觉的老生活方式"，"搁置了多日的译事，业已重新开始，白天译 *Merry Wives*

---

① 吴洁敏、朱宏达：《朱生豪传》，上海：上海外语教育出版社，1989年，第119页。

② 朱生豪、宋清如：《朱生豪情书全集》（手稿珍藏本）（下），朱尚刚整理，中国青年出版社，2013年，第452页。此处引用为朱尚刚先生提供的译文，原文为英文，见第451页。

（注：《温莎的风流娘儿们》），晚上把 *Merchant of Venice*（注：《威尼斯商人》）重新抄过，也算是三稿了（可见我的不肯苟且）。真的，只有埋头于工作，才多少忘却生活的无味，而恢复了一点自尊心。等这工作完成之后，也许我会自杀。我以梦为现实，以现实为梦，以未来为过去，以过去为未来，以 noting（注：乌有）为 everything（注：一切），以 everything 为 noting，我无所不有，但我很贫乏"。①

1月中旬　朱生豪在给宋清如信中谈到："明后天放假。一到放假，总是无钱，等发年底的奖励金，至今未发，借我去的也还不出，否则我又要撒一次谎了（意谓来看你也），好在你并不欢迎我。但至少还够看一次业余剧人的《雷雨》（Ostrovsky 的，不是曹禺的，他们特加一'大'字，以表区别）②。*Merry Wives* 已译好一大半，进行得总算还快。"③

2月9日　返回嘉兴家中休息，写信给宋清如称："在家没趣，只想回上海来。一回到自己独个儿的房间里，觉得这才是我真正的家。其实在我的老家，除了一些'古代的记忆'之外，就没有什么可以称为'我的'的东西；然而三天厌倦的写字楼生活一过，却有点想家起来了。家，我的家，岂不是一个 ridiculous（注：荒谬的，可笑的）的名词。"在这封信中，朱生豪还谈到翻译的经验："有经验的译人，如果他是中英文两方面都能运用自如的话，一定明白由英译中比由中译英要难得多。原因是，中文句子的构造简单，不难译成简单的英文句子，英文句子的构造复杂，要是老实翻起来，一定是噜苏累赘拖沓纠缠麻烦头痛看不懂，多分是不能译，除非你胆敢删削。——翻译实在是苦痛而无意义的工作，即使翻得好也不是你自己的东西。"④

2月15日　朱生豪在嘉兴的家中仍感无趣，大弟朱文振失业在家，小弟朱陆奎生病吐血，长辈逼他娶亲。他告诉宋清如，如果要读书，倘使是为趣味，那么可以读读子书、笔记和唐宋以后的诗词、英文的小说戏曲，倘使要使自己

---

① 朱生豪：《朱生豪情书》，朱尚刚整理，上海：上海社会科学院出版社，2003年，第315页。
② 指俄国作家奥斯特洛夫斯基的《大雷雨》。
③ 朱生豪、宋清如：《朱生豪情书全集》（手稿珍藏本）（下），朱尚刚整理，北京：中国青年出版社，2013年，第454—455页。
④ 朱生豪、宋清如：《朱生豪情书全集》（手稿珍藏本）（下），朱尚刚整理，北京：中国青年出版社，2013年，第457页。

不落伍，则读些社会科学的书，但不必成为社会主义者。

3月24日　因头发剃掉，自称是轧了个圆顶，看上去很古怪，读宋清如写的"自白"。

4月26日　朱生豪因感到烦闷，在给宋清如的信中称自己有点像陀思妥耶夫斯基小说中的主人公。

5月9日　早八点起床后去四马路逛旧书摊，买麦考莱（19世纪英国史学家）的论文集一本，买赫兹里特（英国散文家、文艺批评家）的小品文集一本，买美国版集合本的《哈姆莱特》一本，一共一块两毛半。又去杂志公司买《文摘》《月报》。"商务新近出版的文学什么，《戏剧时代》、《新诗》、《宇宙风》、《译文》六七种杂志，是寄给郑祥鼎①的。杏花楼吃了两只叉烧饱（平声）、两只奶油饱、一碗茶，以当早餐，不过两角钱，颇惬意。这样回来吃中饭。因为是国耻纪念，故不去看影戏（其实我近来星期日总不看影戏，看影戏常在星期一夜里，因为这样可免拥挤）以志悲哀。在房间里抄稿子，傍晚出去。我说即使我有爱人在上海，人家那样并肩漫步的幸福我也享受不到，因为一到上海来，我已经完全没有了走慢步的习惯，即使是无目的的散步，也像赛跑似的走着，常常碰痛了人家的脚。买了四条冰棒回家吃了。一个下午及一个晚上，抄了一万多字，然后看一小时杂志，两点钟睡觉。斯乃又一个星期日。我觉得星期日不该去玩，方可以细细领略星期日的滋味，尤其应当一个人关在房间里。但星期六晚上应当有玩一个整夜的必要。"②

5月21日　买旧书三本：陀思妥耶夫斯基的《赌徒》、辛克莱的《钱魔》及法国女作家的《紫叶》。

5月22日　朱生豪在信中记下："今夜夜里差不多抄了近一万字，可谓突破记录。《风流娘儿们》进行得出乎意外地顺利，再三天便可以完工了，似乎我在描摹市井口吻上，比之诗意的篇节更拿手一些。……《梵尼斯商人》已收到，谢你改正了一个'么'字。今天开始翻了半页《无事烦恼》，我很希望把这本和《皆大

---

① 即郑天然，在之江大学时名为郑祥鼎。

② 朱生豪、宋清如：《朱生豪情书全集》（手稿珍藏本）（下），朱尚刚整理，北京：中国青年出版社，2013年，第461—462页。

欢喜》早些翻好，因为我很想翻《第十二夜》，那是我特别欢喜的一本。"①

5月31日 记录中称自己译莎的工作效率很高，天气凉得可爱，走路时脚步有点飘飘然，脑筋里充满了莎剧《皆大欢喜》中的女主人公Rosalind（罗瑟琳）和剧中的宫廷小丑Touchstone（试金石），被他们搅得昏头昏脑。

6月初 完成《皆大欢喜》翻译，准备抄写译稿。"否则我今晚不会写信的，因为倦得很不能工作，所以写信。今晚开始抄《皆大欢喜》，同时白天已开始了《第十二夜》，都只弄了一点点。我决定拼命也要把《第十二夜》在十天以内把草稿打好，无论如何，第一分册《喜剧杰作集》要在六月底完成，因为我急着要换钱来买皮鞋、书架和一百块钱的莎士比亚书籍。"同日晚，后悔没去看嘉宝演的电影《茶花女》，并在信中对嘉宝的演技进行评论："她的演技的魄力、透澈与深入，都非任何其他女性演员所能几及。"②

6月末 在信中与宋清如感慨时间飞逝："稍为偷了一下懒，一大段的时间早已飞了去。不过这不是感慨，因为随便怎样都好，在我总是一样。"信中述说了译莎遇到的难题："《皆大欢喜》至今搁着未抄，因为对译文太不满意；《第十二夜》还不曾译完一幕，因为太难，在缺少兴致的情形中，先把《暴风雨》重抄。有一个问题很缠得人头痛的就是'你'和'您'这两个字。You相当于'您'，thou，thee等相当于'你'，但thou，thee虽可一律译成'你'，you却不能全译作'您'，事情就是为难在这地方。预定《罗密'奥'与朱丽叶》在七月中动手，而《罗密'欧'与朱丽叶》不久就要在舞台上演出，我想不一定有参考的必要，他们的演出大抵要把电影大抄而特抄。"③

7月末 译莎进展顺利："窗外下着雨，四点钟了，近来我变得到夜来很会倦，今天因为提起了精神，却很兴奋，晚上译了六千字，今天一共译一万字。我的工作的速度都是起先像蜗牛那样慢，后来像飞机那样快，一件十天工夫作完的工作，大概第一天只能做2.5/100，后一天可以做25/100。《无事烦恼》草稿

———————

① 朱生豪、宋清如：《朱生豪情书全集》（手稿珍藏本）（下），朱尚刚整理，北京：中国青年出版社，2013年，第463页。

② 朱生豪、宋清如：《朱生豪情书全集》（手稿珍藏本）（下），朱尚刚整理，北京：中国青年出版社，2013年，第468—469页。

③ 朱生豪、宋清如：《朱生豪情书全集》（手稿珍藏本）（下），朱尚刚整理，北京：中国青年出版社，2013年，第469页。

业已完成，待还有几点问题解决之后，便可以再用几个深夜誊完。起初我觉得这本戏比前几本更难译，可是后来也不觉得什么，事情只要把开头一克服，便没有什么问题。这本戏，情调比《梵尼斯商人》轻逸，幽默比《温莎的风流娘儿们》蕴藉，全然又是一个滋味。"①

此信中朱生豪抄录了一大段译好的《无事烦恼》（近五千字）。②

8月13日 日本侵略军进攻上海，"八一三"事变爆发。朱生豪半夜逃离汇山路亭子间，随身只带了一个小藤箱，内装牛津版《莎士比亚全集》及少部分译稿，衣物及日用品均未带出。

胡山源先生后来写过一篇题为《从汇山路出来》的文章，记述了当时的情况和书局里人的心态："'刚才来的电话，八字桥已经开火了。'片刻之间，楼上楼下，总务处，编辑所，印刷所，都在传说着这句话。我向案头的日历一看，是民国二十六年的八月十三日，再向壁上挂钟一看，是上午十一时……和大家一样，我略略将桌上的东西整理了一下，就此走出了总厂的大门。我没有携带我写好的稿件，连自己的图章都由它放在写字桌的抽屉里，没有带出来，更不必说其他不急之物了。我正如其他一般自命镇定的人一样，相信不会打，即打，也不过如'一·二八'一般，不久就能停止。至于我，以及其他自命镇定的人，为什么会有这样的想头，现在既已证明它的完全错误了，也就不必提了……"③

宋清如回忆说："'八一三'的炮火，日敌在半夜里进攻，把他从汇山路赶了出来。匆促中他只携着一只小小的手提箱，中间塞满了莎氏剧集、稿纸，一身单短衫出走……他姑母见他把衣服被褥个人的全部财物都给丢了，气得直骂。他却满不在乎地，只管抱着莎士比亚，过他的日子。"④

8月14日 汇山路寓所被烧毁，朱生豪打算冒险回书局去寻找已交给书局的几本译稿，但是虹口一带已一片混乱，无法通行，世界书局大连湾路总部被日寇强占作为兵营，朱生豪一年多来的大部分译稿及千辛万苦收集起来的各种

---

① 朱生豪：《朱生豪情书》，朱尚刚整理，上海：上海社会科学院出版社，2003年，第327页。

② 抄录的为《无事烦恼》中所译台词。朱生豪曾在日寇侵略的战火中两度丢失了全部译稿，三次从头开始翻译莎剧，而《无事烦恼》的第二次译稿后来又被偶然找回。加上这一段第一次译稿的内容，这部分台词就成为朱生豪全部译稿中仅有的三次译稿都留存下来的片段了，为学界对朱生豪的翻译研究提供了珍贵的史料。

③ 朱尚刚：《诗侣莎魂——我的父母朱生豪、宋清如》，北京：商务印书馆，2016年，第168页。

④ 宋清如：《朱生豪与莎士比亚》，《文艺春秋》1946年第2卷第2期。

版本的莎剧、参考资料及其他书籍用品全部毁于一旦。

据世界书局工作人员朱联保[①]回忆："'八一三'上海抗战开始，世界书局总厂在虹口大连湾路，立即被日军作为军营，厂内财物损失巨大。大批教科书、参考书被认为宣传抗日而没收，被送入造纸厂回炉作原料；经史子集国学名著、小说名著等则被劫往日本；书籍的金属品底版被熔作军火，其中如影印的《十三经注疏》、《殿刻康熙字典》、《说文通训定声》、《经籍纂诂》、《资治通鉴》、《史记》、《汉书》、《后汉书》、《三国志》、《昭明文选》、《中国药物标本图影》等书的铜锌版被毁，致使抗战胜利后这些书无版重印。沦陷期内，总厂被所谓华中印书局使用。那时，日寇汪伪曾威胁世界书局与他们合作，世界书局负责人拒绝不理，致为敌伪所恨，把定时炸弹投入当时公共租界福州路世界书局发行所。炸弹爆炸，职员一死一伤（一九三八年十一月）。一九四〇年日军把占据的工厂分批作表面交还。太平洋战事爆发后，日军由虹口进占当时市中心区的公共租界和法租界。世界书局发行所和商务、中华等同业八家被日军封门月余，存书又遭检查没收……"[②]

8月14日至24日　朱生豪寄住上海霞飞路处，为表姐曹思濂女友陈杏芳之家。

8月25日　与姑妈、表姐、陈杏芳一家半夜坐火车逃难回到嘉兴。

朱生豪在秀州中学时的国文老师曹之竞曾在《在战网中奔逐》一文中回忆："消息一天紧似一天，火车汽车里的乘客渐渐地多了起来；八月十三那天车站里突然挤塞得人山人海，自朝到晚松不开来。从上海来客口里得到的报告，知道闸北已经开火了……由上海开来的难民车总是连车厢顶上也坐满了人，因为运兵关系，车子只到嘉兴为止。轮船汽车既大多被扣为军用，下车的人很少能立刻乘着舟车行完他们未完的路程，流落在嘉兴的有时一天之内多至两万余人——向公路和铁路步行而去的也有不少。其中老的幼的娇弱的患病的最为可怜，旅馆是客满了，临时收容所也无插足之地，只有露宿在车站附近的苗圃里，挨受风吹雨淋。我几次看见难民抱着病孩或死孩在那里哭泣。"[③]

①　朱联保，浙江桐乡人，自世界书局1921年创办，直至1950年解散，前后在世界书局工作近三十年，是世界书局各个发展阶段的重要参与者与见证者。

②　朱联保：《我所知道的世界书局》，《上海文史资料》1963年第15期。

③　朱尚刚：《诗侣莎魂——我的父母朱生豪、宋清如》，北京：商务印书馆，2016年，第169页。

8月26日　住芝桥街姑妈家，朱生豪坚持翻译工作，在给宋清如的信中用英文写下："嘉兴非常平静，我害怕它会使我厌倦的，但我的工作还在继续着（注：朱尚刚译）。"①

秋　朱文振于中央大学外文系毕业后经人介绍赴贵州工作。

宋清如"八一三"后同家人随难民大流辗转西行。

11月19日　嘉兴沦陷，朱生豪与姑妈一家避居嘉兴城郊新塍镇东栅陈家，住了一个冬天，曾教几个女弟子读英文、古文，他在新诗《忆乡间女弟子》开篇与结尾记录下了这一段的心情：

> 也许我将不忘记那一段忍气吞声的日子，
>
> 充满着沉痛，屈辱，与渴望的心情；
>
> 然而那也不是全没有可恋的，——
>
> 门外纵横着暴力的侵凌，
>
> 豺狼后面跟着一群无耻的贱狗，
>
> 而风雨飘摇的斗室之中，
>
> 却还温暖着尤邪的笑语。②

1938年（民国二十七年）　26岁

1月　宋清如与家人逃亡到重庆，经同事介绍去江津暂居，与朱生豪完全失去联系。3月，经表舅钱昌介绍受聘去重庆北碚国立四川中学（后改称国立第二中学）女子部任教。

春　新塍沦陷，朱生豪一家又迁移至德清县新市镇，在新市遇见从上海出逃至此地的顾氏表叔一家，两家聚居一处。

---

① 朱生豪：《朱生豪情书全集》（手稿珍藏本）（下），朱尚刚整理，中国青年出版社，2013年版，第476页。这是现存的朱生豪寄给宋清如的最后一封信，译文由朱尚刚先生提供。

② 朱尚刚：《诗侣莎魂——我的父母朱生豪、宋清如》，北京：商务印书馆，2016年，第172页。

3月　朱生豪拜访了原世界书局的同人施瑛（施瑛是新市人，此时避难在新市）。施瑛后来回忆，朱生豪讲到上海"八一三"时仓皇出逃，只带了莎翁全集和部分译稿，庆幸没有丢失最宝贵之物，并说准备迁往乡间，如生活稍能安定，仍专心一志从事译莎，并告知自己译莎的经过和计划，当时施瑛颇为感动和钦佩。

5月　上海和新市间可以通航，朱生豪随顾氏表叔重返上海，因嘉兴的芝桥街曹氏故宅已毁于战火，姑妈与表姐曹思濂仍居新市。

5月21日　于《青年周报》①第十一期发表《论读书》，朱生豪写道："假如在必不得已的时候，并没有大的奢望，只愿意拿一本《莎翁全集》和一部《杜诗》到我的荒岛上去。"

5月28日　于《青年周报》第十二期发表《傻子在莎士比亚中的地位》（上）。

6月　世界书局已在福州路恢复营业，朱生豪继续在世界书局工作，借住在河南路顾氏表叔家中，重新收集资料。晚上在阁楼继续译莎。

6月4日　于《青年周报》第十三期发表《傻子在莎士比亚中的地位》（下），此文详细谈到了对莎士比亚戏剧的理解（见附录）。

6月11日　于《青年周报》第十四期"中国诗漫谈"栏目发表《做诗与读诗》，朱生豪提出："一篇好诗的产生必须由于实感，要从人生中千锤万炼而迸出来的诗，才是永远不朽的动人的好诗。"

6月18日　于《青年周报》第十五期"中国诗漫谈"栏目发表《楚辞》，朱生豪在文中谈了对于楚辞的理解，他认为，屈原的作品在思想上、形式上、技巧上都给后代文学以"极其惊人"的影响。《离骚》中丰富的想象、浓郁的情感与纯粹象征的手法使其成为前无古人的独特作品。而《九歌》在艺术上则更为完美，其音韵之谐美幽婉，在中国诗中很少见。在《山鬼》篇中，更展开了一个奇丽的神话境界，若将之与杜甫的《佳人》相对照，可以"很有趣地看出浪漫的与写实的手法之不同"。另外，宋玉的《九辩》和《招魂》也很值得注意。从《九辩》可以看出楚辞形式上的更进一步，而《招魂》的铺叙手法则"一方面启发了汉赋的作者"，一方面也可以看出其已经有了七言诗的雏形了。

6月25日　于《青年周报》第十六期"短篇小说"栏目发表小说《夜间的裁判》。

---

①　1938—1939年，世界书局主办《青年周报》期刊，主编为詹文浒和胡山源。

7月9日　于《青年周报》第十八期发表翻译的约翰·高尔斯华绥所著短篇小说《一个教师所说的故事》。

7月16日　在《红茶》文艺半月刊①第三期发表译文《钟先生的报纸》，原文发表在1937年8月号的英文刊物 *Esquire*（《时尚先生》）上，文章作者是George L. Moorad（乔治·L.穆瑞德），文章主要揭露当时上海新闻界的种种丑闻，记叙了轰动一时的阮玲玉事件。

7月23日至9月3日　于《青年周报》第二十至二十五期"冒险小说"栏目发表翻译的 Philip Gibbs（菲利普·吉布斯）原著中篇小说《士麦拿的女侠》。

8月1日　在《红茶》第四期发表译文《钟先生的报纸》（续）。文中钟先生的报纸是一份挂美商招牌，为美国人经营的上海报。文中的"我"是受钟先生聘用的一位主笔。钟先生本人便是这家报社的统治者，因为报社的工作人员约有一半是钟先生的亲戚。报社的全称的意思是"促进中美友谊，发扬民族精神"，有了这块牌子，报纸就可以在中国租界通行无阻，为所欲为。钟先生高兴得大喊"哈哈，他妈的，就象在美国一样"。钟先生的这个报社以帝国主义为靠山，勾结军阀、流氓，贩卖军火、毒品，大发国难财，同时又利用手中的报纸，极尽造谣诬陷之能事，大敲别人的竹杠。文中记叙了影星阮玲玉事件。为了减少麻烦，朱生豪把她译作阮媚莉。由于新闻界对阮造谣中伤，恶毒攻击，阮媚莉服毒自杀了。出殡那天，上海足有二十五万人为她送葬。这时钟先生的报纸出了一份号外，说是这姑娘是被阮的一个关系人，即某酒商致于死命的，把这个酒商骂作"万恶的淫棍"，"要是群众把他捉住了，准会把他的心都剖出来"。号外一出来，此人吓得面无人色，匆匆赶到报馆疏通。于是，第二天，报馆又出了一份号外，说前次消息系误传，阮确系该酒商的妻子，她因为愧对丈夫，才以死来赎她的失节。这份号外又被一抢而空，报社再次获利两万大洋。谁能料到，钟先生早已因第一份号外，从另一个手里得到了五百元的外快。朱生豪在译文后面加了一个译者附记，上面写道："本文载去年八月号 *Esquire*。作者显然是一个上海通，而且或许真和上海新闻界发生过关系的。为了免得得罪人起

---

① 1938年，世界书局由胡山源在上海租界创办文艺半月刊《红茶》，其内容以反对日伪为倾向，有朱生豪、夏瞿禅、曹之竞、陆高谊、詹文浒等人应胡山源之邀担任《红茶》特约撰稿人。

见，我希望读者还是把它当作一篇小说读。"①

8月16日　《红茶》第五期为纪念"八一三"一周年而出"特大号"一期。朱生豪发表新诗三章、词三首（《满江红》《水调歌头》《高阳台》）②：

满江红　用任彭二子元韵

　　孤馆春寒　萧索煞当年张绪　漫怅望云鬟玉臂　清辉何许　碎瓦堆中乡梦断　牛羊下处旌旗暮　更几番灯火忆江南　听残雨

　　屈原是　陶潜否　思欲叩　天阍诉　慨蜂虿盈野　龙蛇遍土　花落休吟游子恨　酒阑掷笔芜城赋　望横空鹰隼忽飞来　又飞去

水调歌头　酬清如四川仍用元韵

　　西北有高楼　飞桷接危穹　有人楼上伫立　日暮杜鹃风　回首神京旧路　怅望故园何处　举世几英雄　骋意须长剑　梦想建奇功

　　花事谢　莺歌歇　酒尊空　旧日雕栏玉砌　狐兔窜枯松　为问昔盟鸥侣　湖上小腰杨柳　可与去年同　一片锦江水　明月为谁容

高阳台　和清如用玉田韵

　　苦雨朝朝　离魂夜夜　人生飘泊如船　忽遇飘风　狂涛卷尽华年　罗情绮恨须忘却　是女儿莫受人怜　试凭高故国江山　满眼烽烟

　　蜀山应比吴山好　望白云迢递　休叹逝川　花月轻愁　从今不上吟边　矛锃血染黄河碧　更何心浅醉闲眠　听不得竹外哀猿　山里啼鹃

10月15日　于《青年周报》第三十一期发表《清苦的编辑先生》。

11月1日　于《红茶》第十期发表译作《如汤沃雪》（署名草草）。

11月12日　于《青年周报》第三十五期"励志讲坛"栏目发表《自力教育》。

---

① 朱生豪、宋清如：《伉俪——朱生豪宋清如诗文选》，朱尚刚整理，北京：中国青年出版社，2013年，第103页。
② 《红茶》文艺半月刊共发行十七或十八期，据胡山源给宋清如的信中回忆，在《红茶》最后五期中，朱生豪还发表过散文，但尚未查到，不知所署何名。

12月17日　于《青年周报》第四十期"短篇小说"栏目发表《他有过一个朋友》。

12月24日　于《青年周报》第四十一期"短篇小说"栏目发表《他有过一个朋友》(下)。文中写一个清苦的文人与陋室中的小老鼠交朋友,好容易收到一笔稿酬,他还清了拖欠的房租,并为小老鼠买来一小方干酪,当返回住处时小老鼠已被房东太太打死。

12月末　租房,接姑妈、表姐来上海。

1939年(民国二十八年)　27岁

1月至8月　朱生豪继续在世界书局任编辑,他与世界书局原来所订的译莎合同仍继续有效,被毁的那部分译稿,因为已经支取过稿酬,所以还要无偿地重新补译,只能再次从《暴风雨》①开始重新翻译。虽然他原来辛苦收集的各种参考资料大多已经散失,但由于在第一次翻译时已经投入了极大的精力,进行过深入的钻研,已经烂熟于心,所以再次翻译进行比较快。

9月　正式辞去世界书局工作,应詹文浒之邀,朱生豪入《中美日报》②任

---

　　① 《暴风雨》和《仲夏夜之梦》两个剧本的译稿原先以为已经丢失,后来在朱生豪译出第二稿后被世界书局意外找回,有研究者进行比对时发现,两次的译稿几乎完全一样。
　　② 《中美日报》的创办人吴任沧,是国民党CC系陈果夫的亲信吴泽沧的胞弟,该报实际上是国民党宣传口在"孤岛"出版的一份直属报纸。因为当时日本侵略者强占了国民党中宣部设在租界的新闻检查所,租界当局屈服于日方的压力,规定各华文报纸都要受日方检查,因此许多报纸都挂上了外商的招牌,以避免检查,《中美日报》也挂着美商罗斯福出版公司的牌子,社址在爱多亚路(今延安东路)长耕里东侧的大楼里。1939年8月,因为刊登的一篇文章触怒了汪伪政权,他们压迫租界当局以"鼓励恐怖行为"的罪名勒令《中美日报》停刊一星期。吴任沧就利用这一时机,调整和充实编辑力量,聘请了刚从美国学习回来不久的詹文浒任总编辑,朱生豪就是在那时受到詹文浒的邀请的。

编辑，主要工作是为该报国内新闻版写"小言"①，发表抗日言论，提倡团结抗日，詹文浒将他的名字改为"朱文森"。

范泉②回忆，朱生豪在《中美日报》社的职务，始终没有明确宣布。"他在总编室门外的一张双人写字台上工作，经常接受总编詹文浒交给他审阅的文稿。只见他在文稿上埋头认真阅读，有时用红笔修改，然后送进总编室。出来时又带了第二篇文稿，继续埋头审阅，推敲修改。他不是社论委员，不写社论。我估计他是在帮助詹文浒审改社论一类的文章。后来又增加任务，安排他写'小言'。因为他沉默寡言，一直埋头工作，与编辑部其他同事虽共处一室，却很少交谈。从工作现象看，他似乎是詹文浒的秘书，做着'总编助理'一类的工作。过去，他的夫人宋清如在信中问我时，我回想到他经常向国内版编辑鲍维翰查看电讯稿的事，凭我个人推测，他的工作可能是国内新闻版编辑。此后我看到袁义勤写的一份史料，在《中美日报》编辑部名单中没有他的名字，又联系到他与詹文浒的特殊关系，这才使我肯定：他是实际上做了没有名义的詹文浒秘书或'总编助理'的工作。"③

"朱生豪把他写的这些随笔小品式的时政小评论，概括起来定名为'小言'，照他后来与我无拘束的谈话中随便解说，主要有两个原因：一是从文字数量着眼，说明他有短、小、简、轻这些特色。虽然少数几篇的字数较多，那都是因为在特殊情况下有特殊的原因，一般则总是在三四百字左右，少数仅仅一句话，不过一百字，个别只有数十字，如1940年12月15日的《不胜惶恐之至》一篇，只有37字。二是从读者对象着眼，'小'是一种谦词，表示它仅供尊敬的读者们对某一特定事物在思维取向上的参照而已。"④

---

① 朱生豪于1939年10月到1941年12月8日在《中美日报》"小言"专栏写了七百零一天，共一千零八十一篇，三十八万七千字的时政短论。这些都是短小精悍的新闻随笔，是他阅读当天新闻后写下的即兴抒怀，主要内容是痛斥日本和各国法西斯及其走狗们的行径，鼓励全国全世界人民奋起抗战。作品思维敏锐，形式多样，笔锋犀利，讽刺与揶揄兼备，是朱生豪炽热的爱国热情和卓越的文学素养高度结合的产物，成为独树一帜的时政散文作品。

② 范泉（1916—2000），著名编辑，1939年毕业于复旦大学新闻系，与朱生豪同时进入《中美日报》社工作，后历任上海永祥印书馆编辑部主任、复旦大学讲师、新中国艺术学院教授、上海市总工会机关报编辑、新闻出版印刷学校分校副校长。20世纪50年代被划为"右派"，后去了青海，70年代末任青海师院中文系主任，1986年调往上海，任上海书店总编辑。

③ 范泉：《朱生豪追思》，《文汇读书周报》1999年第6期。

④ 范泉：《朱生豪的"小言"创作》，见范泉编选：《朱生豪"小言"集》，北京：人民文学出版社，2000年，第261—262页。

在《中美日报》工作时，因编辑工作繁重，朱生豪虽未中断译莎，但进展不快，几乎停顿。[①]

朱生豪在《中美日报》的同事范泉当时正在翻译日文的《鲁迅传》，两人在翻译方面就有了较多的共同语言，也不止一次地讨论过关于"信、达、雅"的翻译评价标准问题。据范泉回忆："翻译《莎士比亚全集》的朱生豪，瘦长的个子，苍白的脸庞，不善辞令，不求闻达，真诚朴质，和蔼可亲。他和我在一张双人桌上工作，空闲的时候，阅读莎翁原著，译写一些章节，也和我偶尔谈及'信达雅'的要求。他为报纸写'小言'，也为《堡垒》写过一些短文，读来笔含春雨，墨透烟云，确有深远的艺术感染力。"[②]

范泉后来回忆，他们讨论的结果大致是这样的：

我们认为"信"是重在忠于原著。如果以此为主要着眼点，必然会导致直译甚至硬译。"达"是将原著通俗地、完整地运用另外一种语言鲜明清晰地如实反映的意思。能做到这一点，其实已包含了"信"的内容。至于"雅"，则是翻译文学的灵魂。它的含义有双层：一是文字上力求通俗、优美，为读者易于甚至乐于接受。读者在读着文字时就会产生美感。二是思想内涵上要能掌握原著的灵魂——神韵，译品要做到传原著之神。在此意义上说，文学翻译实质上也是一种再创造。科技翻译以"信"为着眼点，文学翻译应以"雅"为着眼点，即以传神为追求的目标。这也是照相和画像的区别所在。一位好的人物画家，必然在匠心观察，理解人物的精神世界的基础上，牢牢掌握人物的精神特征，然后加工运笔。他不仅求形似，

---

① 这个阶段翻译的具体进程，因为留存下来可供查考的材料较少，故较难推测。按照常理分析和宋清如的回忆，各个剧本翻译的顺序应该和第一阶段大体相同。在现存朱生豪翻译手稿中，有少数几本上有出版社收到手稿时加盖的日戳。其中《暴风雨》和《仲夏夜之梦》排印稿（重译后的第二稿）的日戳是1938年11月5日，那应该是在朱生豪逃难后回到上海后不久交付的，因为这两本是朱生豪排在最先翻译的剧本，在逃难期间所译的可能性较大。另外一本是《无事烦恼》的重复稿，日戳的日期是1939年9月21日，这正是朱生豪从世界书局转去《中美日报》的时候，若按照第一阶段剧本的翻译顺序，那么《威尼斯商人》和《温莎的风流娘儿们》应该是都译好了，而排在《无事烦恼》后面是否还有一两个甚或更多剧本的译稿同时交付给书局就不得而知了。由于朱生豪去《中美日报》后报社的工作常常是夜以继日，任务很重，所以翻译的进度相对要慢一些。一个基本的估计是，这个阶段译出的剧本不大会超过第一分册（喜剧）的范围。

② 朱尚刚：《诗侣莎魂——我的父母朱生豪、宋清如》，北京：商务印书馆，2016年，第192页。

更重要的是求神似。①

10月11日至31日　于《中美日报》"小言"专栏发表二十三篇，分别为《物价回跌》《弄巧成拙》《日外务省风潮》《正义自在人心》《香港政府严惩投机商人》《苏芬交涉》《华机二度空袭武汉》《美国中立法再修正》《中国为美国而战》《日军的敬意》《英法土协定成立》《中国的沙逊何在？》《所望于上海言论界者》《保证与行动》《美国态度强硬以后》《上海对外贸易好转》《希特勒改变作风》《无聊的恫吓》《越界筑路交涉》《可谓"圣之时者"矣！》《所望于华董诸公和樊克令先生者》《日本的迫切要求》《英日重开谈判》。

11月　于《中美日报》"小言"专栏发表三十一篇，分别为《德苏同盟？》《美日关系的基本认识》《日本与"中国新政权"》《美国会通过中立法修正案》《日苏商务协定有无可能？》《芬总理沉痛陈辞》《马相伯先生的精神》《毕德门的严正表示》《荷比呼吁和平》《希特勒遇险》《历史将重演吗？》《青天白日照耀在今日的孤岛上》《舍本逐末的日本外交》《荷兰比利时的命运》《日本西园寺将晤阿部》《英法撤军华北》《为前方将士加衣》《日军北海登陆》《日本的外交路线》《美国要人在菲会谈》《义大利的动向》《苏日谈判与中苏友谊》《德国的神秘武器》《响亮的报丧钟》《毒质极重的烟幕》《亦"天意"使然欤？》《外汇市场变动的真相》《如此"新秩序"》《救救平民吧！》《恢复远东秩序的先决条件》《苏芬关系决裂》。

其中，《马相伯先生的精神》为中国著名教育家马相伯去世后，朱生豪所写：

> ……我们所要纪念他的，并不因为他是一位百龄人瑞，一个人倘使偷生苟活，无所贡献于社会国家，那么他的长寿毋宁是一种浪费，根本不值得我们的重视。然而我们纵观马先生的一生中，如一手创设复旦震旦两大学，兴办各种慈善事业等，孜孜兀兀，无时不以造福社会为前提，作育人才为职志。抗战军兴，他老人家以垂暮余年，翊赞政府，松柏之志，老而弥坚。以

---

① 朱尚刚：《诗侣莎魂——我的父母朱生豪、宋清如》，北京：商务印书馆，2016年，第195—196页。

视利令智昏，变节事仇之流，其贤不肖真不可同日而语。马先生现在死了，然而他已经给我们留下了一个良好的榜样，教我们怎样做一个堂堂的人。他在未死之前，时时以国事为念，我们所可以告慰马先生在天之灵的，也惟有益自惕励，努力当前的责任，以求最后胜利的早日实现而已。[①]

12月 于《中美日报》"小言"专栏发表三十一篇，分别为《苏芬事件的教训》《希特勒作何感想？》《美国"道义上的禁运"》《无法沟通的苏日关系》《义大利的反苏表示》《华军反攻南宁》《英国畏惧日本吗？》《日军发言人谈话》《反共的收场》《严惩囤米奸商》《中国不出席国联行政院会议》《揭破日人对法币的谣言攻势》《怠工事件平议》《日本对滇越路的威胁》《所望于上海市商会者》《忠告工友们》《美国国务院的又一表示》《傀儡戏的幕后》《乌拉圭海外的悲壮剧》《一句废话》《日本的盛情》《华军又传捷报》《开放长江的背面观》《算盘打得太精了》《耶稣精神》《各线的战绩》《无保障的诚意》《造谣的无益》《说诳的徒劳》《阿部内阁的命运》《虹口与越界筑路区》。

1940年（民国二十九年） 28岁

1月 于《中美日报》"小言"专栏发表十八篇，分别为《天秤的两端》《道义的远征》《无可奈何的解嘲》《不可容忍的挑衅行为》《欧洲二大事》《倍立夏去职之谜》《费利溥遇刺案的幕后》《汪精卫不堪回首》《日本的出气洞》《畑俊六知难而退》《美国设置关岛总督》《且慢乐观》《一碗饭与献金运动》《有田不忘旧好》《浅间丸事件》《日本的反英鼓噪》《这玩笑开得太过分了》《巴尔干形势与日本》。

2月 于《中美日报》"小言"专栏发表十二篇，分别为《无后者的心理》《食人肉者》《切肤之痛的问题》《可遗憾的"沪西协定"》《取缔煤球囤积》《响

---

① 朱生豪：《朱生豪"小言"集》，范泉编选，北京：人民文学出版社，2000年，第6页。

朗的警钟》《日本的南进野心》《青木献马酬神》《斋藤隆夫的牢骚》《妥协的成效！》《英防军破获暴徒机关》《日本的眼睛睁开了？》）。

3月 于《中美日报》"小言"专栏发表二十篇，分别为《阴晴不定的欧洲》《如此开放！》《威尔斯不虚此行》《苏联占领维堡以后》《悼蔡孑民先生》《德国的心事》《英国在远东》《对于暴力的抗议》《苏芬进行和议》《贺两租界当局》《苏芬冲突告一段落》《两种妄想》《光荣的失败》《"德义苏联合宣言"》《纪念今日》《法国内阁改组》《格鲁辞职之谣》《为手榴弹事忠告某方暴徒》《英义重开商务谈判》《我们的告白》。

3月6日 发表《悼蔡孑民先生》一文，以悼念于前一日逝世的著名民主革命家、教育家蔡元培：

我们以最大的敬意与至深的沉痛，哀悼蔡孑民先生的溘逝。蔡先生不但于党国有悠长的历史，而且是现代中国一位稀有的人伦师表，的确可当"高山仰止，景行行止"八字而无愧。我们要纪念他，因为：

第一，蔡先生是中国新文化运动的导师。几千年来蒙蔽于封建思想下的中国人民，在五四运动时代开始觉醒了，当时蔡先生居北大校长的领导地位，对于此一运动的推进实有莫大的功绩。我们也可以说少年中国的萌芽，是在蔡先生的多方吹嘘爱护之下长成起来的。

第二，蔡先生是一位有中心思想而无门户之见的学者。他的为学兼收并蓄，不偏不倚，古今中外，极左极右，都有其深到的研究，自己虽有确定不移的主张，但并不排斥他人的见解，这种宽大能容物的精神，正是为学者所必须具备的条件，而值得我们效法的。

第三，蔡先生是一个教育家，而且是一个名副其实的教育家。他虽然历官显要，但始终尽瘁于树人大业。及身的门墙桃李不用说，就是未及亲受教益的，亦莫不受到他的人格，学问，与思想的涵煦。要是新中国的建立是在现在我们这辈青年的手中，那么蔡先生便可以说是新中国的一个辛勤的保姆。

可憾的是蔡先生未及亲睹抗建的完成，随而丢弃了他所爱护的青年以去，然而他如果想到后继有人，蔡先生可以含笑于九泉了。①

4月　于《中美日报》"小言"专栏发表二十五篇，分别为《莫洛托夫演说》《日本对公共租界的攻势》《中国没有力量反攻吗？》《英与美法保持一致步骤》《限制银行放款》《日本海军发言人的失态》《日本又一个"不许"》《一则"惊人消息"》《赣桂大捷》《日本在美洲的军事布置》《苏联拒绝德国借道》《义大利会参战吗？》《工部局管理物价办法》《日本的桃色梦》《工部局颁布物品限价商榷》《"完全置诸不理"》《米内的言论》《日本的两副面目》《放野火的惯技》《不战而胜的机会》《华军攻入开封》《两个不祥的日子？》《日军部统制战时工业》《人类的光明面》《美国对日禁运问题》。

5月　于《中美日报》"小言"专栏发表二十四篇，分别为《一戳即破的谣言》《英国不肯示弱》《注意囤积者》《肃清内奸》《局部的得失》《英国致牒义国的传说》《英苏商约前途》《丘吉尔出任战时首相》《英国重申远东立场》《晦气星害了日本》《日本对荷印的关切》《马戏场上所见》《工部局致函商业团体》《中国政府辟谣》《墨索里尼是义国的"唯一领袖"？》《租界内持械犯罪行为》《德军抵达英吉利海峡》《日本已入墓库运》《美参院通过海军补充法案》《联军初步反攻得手》《日本对义的"声援"》《比王出卖联军》《日机滥施轰炸》《苏联方面的两件消息》。

6月　于《中美日报》"小言"专栏发表二十一篇，分别为《联军克复阿培维尔》《日外相作南进演说》《义大利的作用如此》《镇静第一》《真理报评义国参战》《美新禁运案发生效力》《如此推测欧局》《美对远东政策不变》《辟欧洲和谣》《美总统电复法总理》《希墨会晤的今昔》《斥"自由市"的建议》《戈尔将军的答复》《日本觊觎越南》《贡比埃臬森林中的悲喜剧》《日军威胁香港》《如此伪报社评》《美将提抗议》《日本的老把戏》《英国在远东戒备》《寇尔对英侨广播》。

7月　于《中美日报》"小言"专栏发表二十七篇，分别为《义大利劝告匈保》《豫东伪军反正》《移交宗卷的失策》《英首相接见苏大使》《英国攫取法军舰》《自强者不借人助》《美总统重申门罗主义》《赫尔声明美国策不变》《苏

① 朱生豪：《朱生豪"小言"集》，范泉编选，北京：人民文学出版社，2000年，第21—22页。

联向土提通牒》《日本的外交法宝》《应以无名英雄自居》《深刻的教训》《怪哉和谣！》《英国应严惩星岛总督琼斯》《无法辩护的错误》《日海军发言人声明》《制止恐怖行动——并向克拉斯诺夫先生致敬！》《英国继续抗战》《日增无已的日方反美事件》《我们非常感激》《华军克复镇海》《巴尔干的苏德外交战》《美国禁运油铁至日》《开辟西南新公路》《替李士群开一清单》《日反英运动扩大》《德拟以波兰让苏》。

8月 于《中美日报》"小言"专栏发表二十九篇，分别为《缅甸考虑放行医药品》《自由中国的繁荣》《近卫新阁的当头棒》《丘吉尔的警告》《观而不察的罗马"观察"》《日本希望与英"和好"》《日本军舰南驶》《我们反对新闻检查》《驻沪英军撤退》《美防军任务加重》《越南形势紧张》《这一片片空白》《我们不说漂亮话——答复爱护本报的读者》《赫德上将来沪》《德国伞兵之谜》《义向希提三要求》《越南所遭的试探》《一波三折的接防问题》《送别安诺德先生》《日机滥炸平民区域》《悼程振章先生》《日外务省"惊人之举"》《一吨炸弹的"神威"》《美国准备参战》《迟迟其来的德国"闪电战"》《应已饱受教训了！》《巴尔干形势又趋紧张》《一个好榜样》《对应征读者的总答复》。

8月8日 于《中美日报》"小言"专栏发表《日本军舰南驶》；当日，租界当局工部局突然到《中美日报》社进行新闻检查，强令将一些有较明显抗日内容的稿件抽去。朱生豪次日写《我们反对新闻检查》，强烈抗议租界当局工部局的做法，文章强调"我们是一家美商报纸，对于新闻检查制度的憎恶，殆为任何美国人民所同具的感觉，今此项制度，竟加于受民主国法律保护而恪守正义立场的报纸的头上，实为一桩异常可憾的事"①。

8月23日 因积极宣传抗日的《大美晚报》编辑程振章先生被特务暗杀，朱生豪写《悼程振章先生》一文，文中表示要"以不屈不挠的精神，与恶势力相抗争"，而且更"感到自身责任加重，而倍增其奋斗的勇气"②。

9月 于《中美日报》"小言"专栏发表三十篇，分别为《英美远东联防的初步》《罗马尼亚人民反对割土》《又是特别戒严》《越南严拒日军侵境》《德国在匈罗事件中的损失》《日本不顾美国警告》《混沌中的越南"现状"》《戈林亲

---

① 朱生豪：《朱生豪小言集》，朱尚刚编注，北京：商务印书馆，2016年，第150页。
② 朱生豪：《朱生豪小言集》，朱尚刚编注，北京：商务印书馆，2016年，第158页。

自出马》《日在越南的彷徨》《重庆的再建设》《"示弱招致攻击"》《多瑙河的烦恼》《桂花蒸》《美国会通过入伍法案》《河西论美日关系》《几句沉痛话》《日机"改变战略"》《日军集中越桂边境》《日在越南的装腔作势》《越南准许日军登陆?》《日向越提领土要求》《美国民意的反映》《越南被出卖》《英国应速开放滇缅路》《我们的话》《美金二千五百万元》《一个建议》《美加紧对日制裁》《日本人的健忘》《欢迎英国的表白》。

10月 于《中美日报》"小言"专栏发表四十四篇,分别为《泰国乘人之厄》《英国准备对苏让步》《传中国决军事援越》《英内阁更动》《苏联的明朗表示》《近卫向美挑战》《苏联国防委员长的重要表示》《泰国的登龙梦》《美国劝令远东侨民撤退》《太平洋上的插曲》《满脸赔笑》《左右为难》《中国派戴季陶聘印》《硬软穷的三部曲》《报上如此载着》《传德苏军队在罗境冲突》《献金声中的几件小故事》《美国远东政策三原则》《为日本叫屈》《不平衡的三角》《中国决心保卫滇缅路》《阻止荷印油类输日》《识时务者的下场》《何必多此一举》《日本在美国的"巨棒"下》《希特勒礼贤下士》《美国的眼睛》《日本报纸的忘形》《无独有偶的奇谈》《并非恶意的希望》《太上老君在此》《梦与冷水》《一个"光荣协定"》《助人即自助》《日军"自动撤退"南宁》《又一个牺牲者?》《自由的子孙!》《够不够朋友?》《希腊不愿受"保护"》《自动乎被动乎》《捞不到鱼的混水》《情急的滥语》《不鸣则已》《中外一辙》。

11月 于《中美日报》"小言"专栏发表七十六篇,分别为《兴奋的一日》《日本的"撤退攻势"》《破坏苏日关系的罪人》《阴谋!阴谋!阴谋!》《土耳其表明态度》《英国的消防工作》《朋友道衰》《三气希特勒》《失去作用的宣传》《又是"撤退"》《一个严重问题》《欢迎劳勃村先生》《关于桂南大捷》《希腊大捷》《胜利的合奏》《功德无量》《苏联的惊人启示》《忘记了照镜子》《蔷薇有刺》《西班牙之谜》《戈斯默先生的身份问题》《希望威尔基一展抱负》《南斯拉夫的不安》《新的冒险》《斗蟋蟀》《需要指导》《苏外长定期访德》《悼毕德门先生》《安诺德的快人快语》《自由市——罪犯的乐园》《整整三年了》《东勾西搭》《良好的合作》《无补于事的幻想》《腾云式的日本外交》《不愉快的喜剧》《南进的"坦途"》《莫测高深》《来迟了一步》《不符事实的幻想》《并非幻想的事实》《日本军人是老实的》《尖锐的讽刺》《为日本加油》《请委托义卖诸君原谅》《为泰国捏一把汗》《请汪精卫之流放心》《轴心国的"欧亚集团"》《日本对美英的神经战》《第一要钱，第二要钱，第三要钱！》《第一造谣，第二造谣，第三造谣！》《不光荣的蚀本生意》《废纸的时效问题》《不同的表情》《虎翼欹猫爪欤？》《揭发丑行》《英国向苏联伸手》《识时务者为俊杰》《三国公约的忠实信守者》《侮辱式的尊崇》《土耳其在警戒中》《义大利的解嘲》《"光荣胜利"的黑影》《罗总统答客问》《阿们！》《好事多磨》《啼笑皆非》《望洋兴叹》《水到渠成》《南北极》《挣扎不起来》《我们钦佩华捕顾全大体的精神》《希特勒的肖徒》《不仅是一句空话》《防不胜防》《美国不承认新秩序》。

12月 于《中美日报》"小言"专栏发表八十二篇，分别为《赤子之心》《希特勒又转向了》《光明扑灭黑暗》《新贷款的重要意义》《聊以自慰》《最后交通线》《如虎添翼》《封锁中的"乐土"》《中国多友》《口头上的勇士》《同为轴心国》《又是一鼻子灰》《纵火自焚》《阴阳怪气》《失败三部曲》①《希腊的难题》《患难交情》《无分彼此的合作》《何必多此一举》《骗小孩子的话》《面面俱到》《军队助耕》《不耻为犹太人》《开源何如节流》《跃跃欲试》《兜圈子的外交》《义大利的不安》《郭培尔的预言》《乞怜与恫吓之外》《向上海人的良心呼吁》《改不出新花样来》《英军又一重大胜利》《美国人民的公敌》《历史是残酷的》《英美间的桥梁》《美国不畏惧战争》《日本需要冷水》《不胜惶恐之至》《物伤其类》《今罗马帝国的没落》《阿尔巴尼亚——无人之境》《世界不致陆沉》《爱莫能助》《泰国改变态度》《经济援助的另一方式》《美海军当局的主张》《欧菲战局的新形势》《不堕入毂中》《不同的作风》《德军集中义边》《忍耐的限度》《墨索里尼的最后机会》《期望于贝当政府》《美国再激怒日本》《又一不友好行动》《精神力量高于一切》《注意"特戈尔派"！》《日本对苏联的"再认识"》《维希政府的试金石》《"不友好行为"与"战争行为"》《德国的自卑意识》《未爆裂的炸弹》《老大帝国不老》《片面的热心》《纪念今日》《独裁政权崩溃的序幕》《巴尔干北部的阴云》《此老倔强》《两巨人的握手》《圣诞节在各国》《泰国的"中立"与"独立生存"》《"尊敬基督"的德国》《"不与交战国冲突"的南爱》《不无考虑余

① 第一部：外交攻势 附骥尾结欢德意 捋虎须触怒英美 建川联苏难圆好梦 野村使美莫展良筹；第二部：政治攻势 诱和平难摇汉志 议调整承认家奴 华盛顿重贷新借款 莫斯科不变旧方针；第三部：军事攻势 盘踞经年师退镇南隘 死伤累万血溅大洪山 疾风吹落叶不知明日 枯鳌守敝瓮且看来年。

地的"老实话"》《美国发表秘密外交文件》《德国又一"惊人之举"》《艾登接见苏联大使》《南爱尔兰的中立地位》《日德在太平洋上的勾结》《苏日重开渔业谈判》《维希拒以海军交德》《一九四〇年的最后一页》。①

在写小言的这段时间内，朱生豪坚持译莎工作，范泉回忆说："在报社时，生豪只要有空，就看莎剧，不断翻字典，反复思索，有时还和我讨论一些疑难词句，包括当时英国人的风俗习惯。较多的时候他沉默思索。"②

此间，朱生豪与范泉探讨了他关于翻译的观点，朱生豪将莎士比亚写的三十七部剧划分为四类：悲剧、喜剧、杂剧、史剧。他认为莎士比亚的悲剧写得最好，尤其是他38岁正值盛年时写的《汉姆莱脱》(即《哈姆莱特》)则是悲剧中最好的作品。"他非常欣赏莎翁的人物性格的创造。他说《汉姆莱脱》的故事是陈旧的，并非莎翁的创造。可以说，莎翁全部剧作的题材都是陈旧的，甚至有些题材已有前人编过剧本，有些还曾根据这类剧本公开演出过。但是一经莎翁的再创造，这些陈旧题材里的人物，都会凸显出他们活生生的性格特征，在广大观众的眼里都会觉得他们有血有肉。比如汉姆莱脱这个人物，作者着重描绘他思前顾后进退畏难迟疑不决以致坐失良机一误再误的性格。这种性格也或多或少地存在于我们每个人的性格之中。因此我们看戏，看到舞台上演出的虽是汉姆莱脱的外形，而他所表述的意蕴和行为，却是我们自己。莎翁创造的人物角色之所以能抓住观众的心理，主要是在人物角色的性格塑造上。他把观众的性格融化在剧本的人物角色里，从而能赢得广大观众和读者内心深处的共鸣。

"莎翁对剧作人物的创造，不仅是镂刻精微，生动活泼，而且还注重这一特定性格的发展和变异。比如汉姆莱脱，他有时思前顾后迟疑不决，有时却又是勇往直前义无反顾；他有时富有智慧而热情，有时却又是疯癫而冷酷无情。而从总体看，《汉姆莱脱》一剧写得特别成功之处，则是在于全剧一气呵成，一环紧扣一环，它从悬疑而直达高潮，找不出哪些场景有松弛的痕迹。这应该说是

---

① 1940年，朱生豪于《中美日报》"小言"专栏发表时政随笔数百篇，从这些"小言"中可以看出上海孤岛时期抗日反汪的情况以及战时的国际国内形势。

② 范泉：《朱生豪追思》，《文汇读书周报》1999年第6期。

莎翁所有剧作中写得最最完整而感动人的一部。"①

朱生豪认为莎士比亚能够写好剧本的原因之一是他在剧院工作。莎士比亚22岁时离开家乡，去伦敦的戏剧界发展。他生来机灵，起初只能做一些杂务，后来开始扮演一些无关轻重的配角。由于莎士比亚能深刻理解剧本，他在演技上很快超过他人，最终崭露头角，发展到别出心裁地自编剧本演出，这时他刚刚27岁。从涉足剧艺到誉满伦敦，不过是短短五年时间。朱生豪指出，正是由于莎士比亚既当演员，又当观众，因此能反复观察观众在剧本演出时的感受和反应，从而能深刻领悟到怎样的剧情和角色，才是受观众欢迎的客观规律。②

范泉在1982年10月5日给宋清如回了一封信，主要讲述了他在《中美日报》与朱生豪共事时朱的工作与表现，信的要点如下："他（朱生豪）在《中美日报》期间的工作态度是比较严肃认真的。……在国内新闻版写'小言'。有时总编詹文浒出题目，叫他写社论，还叫他看大样。……因为我编的是副刊，坐在他对面（双人写字桌），所以与他接触较多。……当时他的思想情况，就与我个人交谈中所流露的，是对国民党顽固派不满，对共产党是同情的。报社里有一些国民党党棍，闲谈时言论反动，他从不插嘴，默然工作，而看到我时，悄悄暴露过一些想法，说是'身不由主，笔违心愿'。那时生豪与我都还年轻，詹文浒对我们的态度却是一种学者的态度，从不发展我们参加什么反动党团之类组织。所以在抗日反汪的前提下，我们凭着一点民族正气而共事了下来。……"③"生豪为国内新闻版写'小言'，有些是詹文浒授意后写的，只得'等因奉此'；有些是他看了新闻稿有感而发的，笔锋犀利，嘲讽和幽默兼备，颇有选存价值。至于社论，正如他对我所说'笔违心愿'，'等因奉此'，不是他所愿意写的文章。其他文章，他很少写。我编《生活与实践丛刊》时他写过一篇文章，笔名朱森。此外用过什么笔名，我不知道。……在报社时，他沉默寡言，埋头书桌，很少与人交往。他虽和我比较说得来，但我的工作时间和他不一致，见面机会虽多，但都很短暂。加上'孤岛'这个特殊环境，在白色恐怖笼罩下，不敢与

---

① 范泉：《关于译莎及其他》，徐宗琏：《〈关于译莎及其他〉的说明》，《文教资料》2001年第5期。

② 范泉：《朱生豪追思》，《文汇读书周报》1999年第6期。

③ 吴洁敏、朱宏达：《朱生豪传》，上海：上海外语教育出版社，1989年，第126页。

92

他一起外出。"①

朱生豪秀州中学同学、世界书局同事施瑛回忆："我再度逢到生豪兄的时候，是在已经成为孤岛的上海，有两次在花园村，有两次是在中美日报编辑室。那时候他是一位以纸弹跟汪伪作肉搏战的新闻记者，又是总编詹文浒先生的助手。在偶然晤面的谈话中，知道他对于翻译工作还是念念不忘。但是公务繁重，苦无余暇。"②

1941年（民国三十年） 29岁

1月　于《中美日报》"小言"专栏发表五十七篇，分别为《美国赠华的新年礼物》《罗斯福总统的新年工作》《贝当向希特勒致新年敬礼》《名人名言》《史丹林的警告》《如此"德政"》《罗总统派私人代表驻英》《艾登接见日使》《美国坚持对法要求》《美国加强太平洋国防线》《捕非法之鱼》《为主为奴一念间》《给鸵鸟主义者以教训》《北菲英军奏捷》《问题之国保加利亚》《慰问〈申报〉》《美国准备应战》《扑朔迷离的巴尔干》《李希上将雪中送炭》《美海军总司令易人》《日本访问越南的特种使节》《阿比西尼亚起来了》《太平洋上的铁网》《"德军安然开入保国"》《非常时期的非常法案》《德国又一"大胜利"》《人皆掩鼻而过之》《罗总统提案的反响》《巴尔干近事》《不必要与无理由的限制》《英土军事合作》《国破山河在》《日本的对德援助》《希特勒的"新行动"》《新四军事件》《史汀生之警语》《争取时间的要着》《一个战略问题》《苟安非计》《一服退热剂》《避战与备战》《德国南部某处》《维希近郊》《华盛顿白宫》《松冈的催眠歌》《希特勒的意外收获》《催命符五十道》《我们向日本政府建议》《罗马尼亚内乱》《昨日的不幸事件》《维希接受日方调处》《希腊的国丧》《摩根

---

① 朱生豪、宋清如：《伉俪——朱生豪宋清如诗文选》，朱尚刚整理，北京：中国青年出版社，2013年，第110页。

② 1947年于朱生豪所译莎剧出版之际，施瑛在1947年7月3日的《申报》上发表《莎士比亚的译者》一文，文中叙述了"八一三"事变及上海沦陷后，他所了解的有关朱生豪的情况。

索一语破的》《鹰犬的结局》《时间第一》《荷印非越南第二》《好客的美国》。

其中，16日发表的《国破山河在》一文写道："本埠法侨昨日续有十二人投效特戈尔将军麾下作战，据英文《大美晚报》所载，加入自由法军之上海法人，至今已达六十五人之多。令人感到兴趣的是此数较之法国屈服以前返国投军的人数多至一倍以上。国破家亡之后，愈觉国家之可爱，今日之法国人当已非昨日之法国人。可是我们不知道祖国依然健好而恬然抱着亡国奴心理的某种华人，闻之应作何感想！"①

2月　于《中美日报》"小言"专栏发表六十篇，分别为《蒋委员长的合时提示》《松冈的梦呓》《希特勒如此说》《工部局的重大失策》《美更动驻华使节》《荷印不接受"新秩序"》《在夹缝中的贝当》《神经战的反效果》《强卖"新秩序"》《在众院的最后一关》《已失时宜的武器》《掉不成样的枪花》《美国孤立派之失态》《日军大鹏湾登陆》《历史的教训》《维希政府的悲剧》《德国在巴尔干垂钓》《送往迎来》《两巨人的握手》《日本考虑"对华宣战"》《美国争取苏联》《走还是不走？》《可望而不可即》《苦战后的胜利》《英国在马来亚戒备》《"苟与吾人以利器"》《假如英国战胜以后》《从贝当到达尔朗》《美国已准备就绪》《前车可鉴》《最后一个口号》《希腊所需要的担保》《日本报纸的戏法》《血的祭礼》《欢迎本届华董》《急惊风与慢郎中》《时间是纳粹的敌人》《友好精神之表现》《安全第一》《欢迎威尔基来华》《泰国"不愿卷入国际纠纷"》《德国对土耳其的外交攻势》《松冈呵责反对分子》《重光葵向英提保证》《德国调停义希战争》《远东近事》《纪念华盛顿诞辰》《自卫与挑衅》《甘言与危词》《治疯术》《十日内之严重事变》《苏联警告德国》《墨索里尼"打破沉寂"》《越南准备再战》《英美喝阻日本南进》《投机者听见了没有？》《日本对泰越的"公允建议"》《无法解决之英日间问题》《古利专使离华》《中英军事合作》。

3月　于《中美日报》"小言"专栏发表五十七篇，分别为《越南不愿接受日本"调停"》《投桃报李》《越南被迫让步》《保加利亚加入轴心》《保加利亚的两重威胁》《殷鉴不远》《英土加强联防》《松冈赴苏的传说》《英国的外交活动》《德军入保以后》《有钱出钱的又一机会》《一九四一年式恋爱》《中国并不

① 朱生豪：《朱生豪"小言"集》，范泉编选，北京：人民文学出版社，2000年，第115—116页。

依赖友邦》《公议战胜私见》《希特勒诱土合作》《测验上海妇女的良心》《美参院否决限制军租案》《松冈将作柏林罗马之行》《美国租借法案通过》《粤南日军"悠悠撤退"》《希腊准备再造奇迹》《土耳其坚壁清野》《英法封锁争执》《松冈赴欧的真正使命》《美国两党拥护租军案》《一则以喜》《一则以悲》《古利博士驳斥日方谰言》《日本对德的惊人讨价》《美扩大援助反侵略国计划》《不必要的疑虑》《罗斯福再作狮子吼》《墨索里尼的无言凯旋》《日方报纸主张轰炸缅甸》《"超人"麦唐纳的呐喊》《"日本将退出轴心"》《美国"欢迎"德潜艇访问》《荷兰总理的乐观谈话》《又一"和平"消息》《检举屯粮奸商的一个建议》《教皇再作和平尝试》《我们对于交通水电工潮的意见》《罪恶之夜》《山姆叔叔的邮件》《南斯拉夫的最后一分钟》《感悼韩紫石》《中美合作兴筑滇缅铁路》《南斯拉夫自投罗网》《奇境中的爱丽丝》《令人感慨的对照》《日大政翼赞会改组》《一泻千里的最高潮》《华军又一光荣胜利》《维希传苏土协定内容》《义大利东非帝国的末日》《伟大的友情》《追求、动摇、幻灭》。

其中，《感悼韩紫石》一篇内容如下：

> 昨报载前江苏省长韩紫石因坚拒日方胁诱，吞金自杀，克全晚节，令人肃然起敬。
>
> 韩氏在逊清及军阀政府时代历任显职，居官清正廉洁，深得士民爱戴，尤以建筑海安水闸，阻止淮水泛滥一事，至今苏北民众称道弗衰。自暮年退隐以来，淡泊明志，不失为洁身自好之君子，而在故乡沦陷后，闭户养晦，以风烛余生，凛拒伪命，竟以身殉，自非学道有得，乌克臻此。
>
> 我们所以特别致感于韩氏者，因为他和吴子玉一样，都是一般认为过时的人物，但他们在临危授命的时候，却能顾全民族，保持正气，这是中国数千年来儒家文化的精神果实，每一个中华儿女，都该把这种精神格外发挥，不仅表现在消极的保全操守上，并应表现在积极的抗建工作上。[①]

4月 于《中美日报》"小言"专栏发表六十九篇，分别为《英国派陆空军抵远东》《义军的"牵制"作用》《美国罢工风潮平息》《费利溥氏谈工董问题》

---

① 朱生豪：《朱生豪"小言"集》，范泉编选，北京：人民文学出版社，2000年，第154页。

《蒋委员长对党员的责勉》《义国调停德南争执的传说》《齐亚诺的银弹》《重心在重庆伦敦华盛顿》《松冈"私人游历"的收获》《英军撤退班加齐》《哀罗马青年》《神经战下的牺牲者》《巴尔干大战序幕》《积极援英与安定远东》《伊拉克政变》《松冈善颂善祷》《自由法人运动在上海》《展开了壮烈的一页》《松岗在苏听宣判》《土耳其在战争边缘上》《巴尔干战局试测》《巴尔干战争第四日》《"美国人民准备应战"》《莫斯科的客人》《巴尔干战争第五日》《希南二国的光荣》《美国代管格林兰》《渐趋稳定的希南战局》《英德两军在希境交绥》《美国宣布开放红海》《轴心国的"绥靖政策"》《一个已成陈迹的名词》《复活节的喜讯》《苏联谴责匈牙利》《美国踊跃认购滇缅路公债》《北菲与巴尔干战局》《对本市英侨的希望》《赫尔批评苏日中立条约》《土耳其的危机》《格林兰协定的波折》《珍视纳税华人会合作精神》《美国将扩大援华》《"互助共荣"的意义》《英国的作战重心》《美国提早撤退菲岛陆军家属》《德国侵土的初步试探》《光荣的失败》《日军犯浙东》《如出一辙的无赖手段》《希腊再接再厉》《英军开伊拉克》《真理报与日日新闻》《希腊战争的前途》《促请四行克日复业》《美国——多臂的巨人》《发挥战士的精神——向第一特区两法院当局致敬》《外交胜利的限度》《悼孤军营谢晋元团长》《美舰扩展巡逻线》《土耳其与西班牙》《谢团长的身后问题》《美英贷华平准基金》《雅典颂》《松岗酒醒以后》《越南又受训斥》《华侨准备保卫菲岛》《请日本一读丘吉尔演说》《五百七十对六》《德国的宣传技巧》。

其中，十四篇关于巴尔干局势，在南斯拉夫抗战终于失败后，写下"明知胜利希望的微渺，但为了国族的人格与荣誉，仍毅然作不计成败的一战"；并指出，"在被侵略国向侵略国总清算的日期（这一个日子是不会十分远的），光荣的胜利必然是属于重视自由甚于生命的南斯拉夫人民"。①

5月 于《中美日报》"小言"专栏发表五十九篇，分别为《苏联禁止战具通过》《美舰准备驶入战区》《德军开抵芬兰》《编者告白》《伊拉克抗议英军登陆》《英内阁加强阵线》《日报建议罗斯福游日》《美国将冻结轴心国资金》《英伊战争爆发》《浙东华军反攻得手》《北菲战局稳定》《独持异议的林白》《希特勒大放厥辞》《关于港米的新闻毒素》《无法接受的邀请》《欢迎飞将军》《苏联的政治更动》《孤立派的英雄主义》《为英国算命》《诺克斯演说以后》《新秩序

① 朱生豪：《朱生豪"小言"集》，范泉编选，北京：人民文学出版社，2000年，第165页。

在建设中》《日本重弹对华和平旧调》《苏联否认远东军西调》《彼一时此一时》《荷印的失策》《中澳即将互换使节》《苏德之间》《让贫民先买港米》《苏联对伊拉克树立邦交》《美国只有一条路》《英国的不速之客》《所谓"德法合作"》《松冈与本多》《铁路沿线设电网》《透过日本言论的表面》《法国重入战涡》《美国举行中国周》《中苏增进贸易关系》《英军完成东菲胜利》《并非大公报的议论》《德国的"重大让步"》《英国加紧攻伊拉克》《宣传与事实》《德国试验伞兵战术》《诺克斯主废止中立法》《希特勒的赌博》《中共负责人的表白》《日本召回驻英大使》《克里特战争的幕后》《日军的"昙花战略"》《孤立派与中共》《伊拉克战事将告结束》《迫不及待的德方表示》《英海军击沉德舰俾士麦号》《民治国的海上优势》《罗斯福总统的最后等待》《都新闻的解嘲》《错误的印象》《克里特岛危殆》。

　　6月　于《中美日报》"小言"专栏发表五十四篇，分别为《伊拉克要求停战》《德机轰炸爱尔兰》《美国保证放弃在华领事裁判权》《周恩来氏所谓"远东暗潮"》《德军占领克里特后》《美国对日的"不友好行为"》《欧洲的和谣》《日本的痴心》《放弃绅士式的顾虑》《不可与谈礼貌》《热狂中的幻象》《荷日谈判的"转机"》《法国殖民地与维希政府》《为荷印打算》《不欢迎的友谊》《自由法军开入叙利亚》《日本对美的"和平"努力》《日本对荷印的下场威》《日本的又一幻想（？）》《所谓"要求有利条件之地位"》《绝路与生路》《为租界内市民请命》《柏林不耐烦了》《德苏间的又一不稳消息》《罗宾慕尔号事件的责任问题》《叙利亚战事急转直下》《"东亚共荣圈"领袖不易为》《美国怎样答复挑衅？》《苏联作何打算？》《英美对日联合抗议》《荷印的严正声明》《日本可以放过吗？》《叙利亚之役的启示》《芳泽尚未收拾行囊》《中缅划界问题解决》《神经尖端的德苏关系》《轴心国家的各国姿态》《荷印以油区让日》《"不纯正的思想"》《德日间的矛盾》《白虎星出现》《苏德战争序幕》《英美苏合作问题》《安定远东的机会》《苏德战争的决胜点》《希望荷印三思而行》《英美不需要日本友谊》《日本提早决定态度》《五天来的欧洲东线战争》《日本政府的难言之苦》《日本已无转舵可能》《美国遣派政治顾问来华》《工钱三万万圆》《英大使馆又遭日弹炸毁》。

　　7月　于《中美日报》"小言"专栏发表四十篇，分别为《阻止日本北进的先着》《且看近卫如何声明》《近卫又卖关子》《苏联有恃无恐》《英国并未弛懈》

《人之所以为人》《正义永垂宇宙——日方"新申报"懂得这句话吗？》《美国接防冰岛》《李维诺夫别来无恙》《意料中的结局》《纪念在无言中》《英国的反攻良机》《英国给纳粹的打击》《进入第二期的苏德战争》《化整个欧洲为游击区》《日本给美英的提示》《苏联远东领海的红灯》《松冈的幸运》《日本眼中的美国政策》《所谓维希精神》《近卫内阁如此改组》《日本权威舆论家的奇论》《拉铁摩尔论日本阁潮》《由奋斗换来的认识》《惭愧吗，同志们？》《注意同志们的化装》《美国在紧急状态中》《英国又一好意声明》《望莫斯科而兴叹》《寻找耳朵的眼睛》《最后的肥肉》《太平洋上的惊雷》《苏联使节团访美》《日本与纳粹唱对台戏》《随便想起》《荷印冻结日资金》《西贡"欢迎"日军》《英芬绝交》《泰国之路》《荷兰的决心》。

8月　于《中美日报》"小言"专栏发表四十八篇，分别为《苏波释嫌修好》《第二越南事件？》《罗斯福总统的假期》《从警告到"膺惩"》《东京的妥协谣言》《维希声明不再出让领土》《丰田首次接见苏联大使》《德向维希要求根据地》《希特勒还有机会建议和平吗？》《梦与诳话》《侵略国人民的厄运》《希望法越认清友敌》《一个数字问题》《观而不战的义军》《"泰国不以被侵略为虑"》《维希的"内政问题"》《太平洋上的风向标》《谈虎色变》《民治防线的最后缺口》《纳粹取消闪电战》《无法公开的苦衷》《一政治暗杀事件》《答读者询问英美宣言第四条》《日机的"演习轰炸"》《美英苏三强会议》《日本的"绝叫"》《日本挽留美侨》《奎士林发狂》《日本的软性武器》《谣言与否认》《观望与行动》《马渊的歪曲论调》《日本觉悟的可能性》《中国几时反攻？》《本多警告德义》《野村之言》《两年前》《罪恶的竞赛》《恫吓技穷后的又一姿态》《日本非摹仿者》《美派军事使节团来华》《苏联警告日本》《何必客气》《各得其所》《华盛顿的外交活动》《日人积欠巨额捐税》《冷淡与悲观》《失去戏剧性的一幕》。

9月　于《中美日报》"小言"专栏发表四十一篇，分别为《编者敬告读者》《英德土的三角关系》《纳粹在泥淖中》《日军"退出"福州》《妒火与馋涎》《美油船安抵海参崴》《悼张季鸾先生》《近卫手札内容》《美国民意主对日强硬》《巴黎的"恐怖空气"》《日本的矛盾心理》《协约国的新行动》《缅甸免征过境税》《苏德前线的风雨》《独捐一万元》《戏剧性的一幕》《送别阿尔考脱君》《英国舆论界的卓见》《友乎敌乎？》《并无新发展》《一个感情上的问题》《捐献良心献金者注意》《特夫古柏论太平洋局势》《日本对美"友好"的背后》《何时结束与如何结束》《英美海军移驻太平洋论》《"向侵略者追求"》《恐怖的巴黎》《秋天——战士效命的季节》《反共同盟的再抬头》《基辅失陷》《"合作政策"的成效》《苏联的作战决心》《保加利亚"准备作战"》《莫须有的罪名》《莫斯科会议与日本》《河内日军滥捕华人》《三国盟约周年纪念》《请永远合作吧》《未完成的杰作》《东西媲美的宣传魔术》。

10月　于《中美日报》"小言"专栏发表四十八篇，分别为《马脚毕露的日方宣传》《拉铁摩尔的声明》《事实胜过宣传》《三国会议圆满结束》《日军践约"退出"长沙》《日军惨败后的美日谈判》《法政府对河内事件的表示》《希特勒的"怒吼"》《日军进攻郑州》《纳粹后方的第三战线》《苏联与宗教自由》《日军又将陷入包围网》《事实为最好的宣传》《戴乐在梵蒂冈的"特殊任务"》《苏德美日之间》《时间即金钱》《日方宣传的真价》《日本对美让步的条件》《苏联的乐观》《狗咬人的新闻》《来函照登》《莫斯科保卫战与华军反攻》《不可能的保证》《宜昌之役》《日本海军"渴望行动"》《孙哲生警告国人》《解颐录》《扫除"乐观"的幻影》《中立法及其他》《东条内阁的全貌》《"继续观望"》《关于戢止恐怖案件》《"苏联应撤兵远东"》《德军不欲占领莫斯科》《美国放弃海参崴航线》《贺鲍威尔先生脱险》《英国民意要求行动》《与日本广知时报编者一席谈》《日本要求不断的让步》《苏日边境冲突》《给苏联的一份礼物》《"美国并不中立"》《"日军并未离满"》《日方所传的中美英苏军事合作》《并非上海捏造》《南北同时戒备》《穷极无聊之思》《越听越糊涂》。

10月中旬　宋清如取道贵阳，过韶关，经浙赣线绕宁波、舟山回到上海，朱生豪请宋全家吃夜饭，初次与宋母见面。

10月底　经朱生豪的同学詹德箴介绍，宋清如去上海私立锡珍女子中学代课。宋清如因人地生疏，特务横行，几乎不敢上街，后来回忆说："当时到处充满着恐怖气氛，他（朱生豪）来看我的次数不多，来也不便多谈，关于他的活动情况，我并不清楚。他虽然带有凄惶的神色，但并不十分紧张。"[1]

11月　于《中美日报》"小言"专栏发表四十三篇，分别为《孤立派与中立法》《华军克复郑州》《日报对泰国的恫吓论调》《谁首先射击？》《土耳其与泰国

---

[1]　宋清如：《关于朱生豪译述〈莎士比亚戏剧全集〉的回顾》，《社会科学》1983年第1期。

的中立》《以行动评断日本》《华盛顿的对日态度》《所谓柏林压力》《美日"妥协程序"》《来栖赴美》《希特勒主义无分东西》《加强联系争取主动——蒋委员长的昭示》《美国的"反日行动"》《美国的备战决心》《罗斯福总统的"六项程序"》《彻底解决太平洋问题》《给美国政府更大的权力》《为"和平使者"惋叹》《关于慰苏礼金征求读者意见》《驻沪美军撤退在即》《加拿大军队抵港》《风雨泥泞中的德军》《技术以外的观点》《不负责任之谈》《来栖野村面有喜色》《日议会中的风波》《关于慰苏礼物代金》《英军发动北非攻势》《日本"让步"了》《"你有没有打过你的老婆?"》《退出轴心与撤军》《神经战下的泰国》《继续代收慰苏礼金》《柏林的反共大会》《英军在欧洲试探登陆》《展开经济上的全面反攻》《日本在越南的"新秩序"》《新闻记者的身价》《轴心同盟的"胜利行进"》《不受欢迎的客人》《远东反侵略的友军》《冬夜的春梦》《贺屋的落日之讖》。

12月 于《中美日报》"小言"专栏发表十二篇,分别为《苏军克复罗斯托夫》《民主的中国》《日本愿意继续谈判》《神经过敏的推测》《继续闲谈两星期》《欢迎英国东方舰队》《"报道失实"的演辞》《日本对越南的"保证"》《能战始能和》《里比亚攻势停顿》《日本的"预防措置"》《武士们的悲剧》。

12月8日 凌晨,日寇突然袭击并占领上海租界,冲入爱多亚路130号《中美日报》社,朱生豪混迹于排字工人中逃出。所有衣物、存放于报馆中补译的全部译稿、重新搜集的资料以及1936年厘定的三册诗集《古梦集》《丁香集》《小溪集》连同宋清如的两册诗集一并被毁。

据宋清如回忆:"12月8日下午,生豪来告知我安全出险,但因匆忙中徒手逃出,不但又一次丢失了衣服用品、书籍资料,就连他多年来心血的结晶——诗稿三册［1936年,他曾将历年来积存的诗稿,加以整理抄写,成为《古梦集》(旧诗词)、《小溪集》、《丁香集》(新诗共三册)］连同我的诗集两册,全都留在办公桌抽屉内,未及带出。"[①]

当时同在《中美日报》社的同事范泉回忆:"日寇冲进孤岛(1941年12月8日),托着刺刀的士兵冲上报社大楼时,我和生豪以及排字工人一起,在日寇的刺刀旁徒手逃了出来。从此,詹文浒就不再见面。发解散费时,也是有人通知

---

① 宋清如:《关于朱生豪译述〈莎士比亚戏剧全集〉的回顾》,《社会科学》1983年第1期。

我们到霞飞路（今淮海路）的一条弄堂里去领取的。"①

从1939年10月11日撰写第一篇"小言"，到1941年12月8日日本发动太平洋战争，日军冲进上海租界、封闭报社为止，除了因几次勒令停刊中止撰写外，朱生豪总共写了"小言"七百零一天，一千零八十一篇，四十余万字。

范泉在《朱生豪追思》中对朱生豪写作的"小言"进行总结，指出其特点：一是标题生动活泼，许多文艺化的标题，令人看来耳目一新，富有吸引力；二是表述形式多样化，如用戏剧台词、诗歌、对话的形式写作，充分运用了为人们所喜爱的各种文学样式；三是短小、简洁而有力；四是对日伪的嘲讽淋漓尽致；五是措辞运典丰富贴切，善于在不同的事件和语言环境里，运用关键词语典故；六是把富有哲理色彩的题材编织在引人入胜的文学载体里。朱生豪写作的"小言"，从总体看，有相当一部分反映了他深厚的文学功底，调动了他艺术创造的积极性，流露出他高超的思想境界，在"社论腔"的缝隙中迸发出令人感奋的艺术闪光。②

朱生豪曾告诉宋清如，工作得最有劲的是在《中美日报》当编辑的时期：做着忙碌的工作，夜以继日地在被压迫的环境下作正义的奋斗，以极短的睡眠苏息疲乏的精神。

12月中旬　朱生豪在霞飞路上的一条小弄堂里领到了《中美日报》相当于三个月工资的遣散费，并得知报社的负责人已不再露面。

12月末　朱生豪失业，暂住霞飞路尚贤坊姑母母女租住的窄小阁楼上，在十分艰苦的条件下，照旧啃他的莎剧。他称："饭可以不吃，莎剧不能不译。"宋清如称那时译莎的"速率真大，仅仅晚上三个钟点的工作，可有三千字以上的成绩"。③

---

①　见宋清如写于20世纪80年代末的《朱生豪的生平及其翻译〈莎士比亚戏剧〉的过程》一文，由朱尚刚提供。

②　范泉：《朱生豪追思》，《文汇读书周报》1999年第6期。

③　朱尚刚：《诗侣莎魂——我的父母朱生豪、宋清如》，北京：商务印书馆，2016年，第211页。

1942年（民国三十一年） 30岁

1月至4月 于上海寓所闭门不出，致力译莎。

宋清如考虑到四川有一些熟人和同学，估计谋生不成问题，因此准备约朱生豪一起结伴去四川。之江大学的同学张荃向他们建议在上海结了婚，再一起去四川，这样同行起来可以避免许多不便。

5月1日 朱生豪与宋清如在上海青年会礼堂举行了婚礼，主要由同学张荃热心筹办。由夏承焘（当天有事去了宁波，未参加婚礼）、陆高谊为介绍人，黄式金先生为证婚人。世界书局以书局名义，送礼金二百元，在张荃的建议下，凡应邀来参加婚礼的同学每人礼金二十元。夏承焘于婚礼纪念册的第一页上题词：才子佳人，柴米夫妻。参加婚礼的有朱生豪的姑妈朱秀娟、表姐曹思濂，宋清如的母亲，之江同学和老师三十余人。当日，宋清如的之江同学李信慧来参加婚礼，看到新娘没有衣服，又返回家中拿来新做的粉红色旗袍和一双皮鞋，朱生豪则向表叔顾昌元家的包车夫借来一件新袍子，俩人在表姐曹思濂的陪同下，去南京路上的王开照相馆拍了一张结婚照。宋清如说："我们在上海匆匆地举行了简而又简的婚礼。"①

5月10日 朱生豪给宋清如母亲写信，告知其原准备搭船去香港，但船期屡次延误："婿等本拟于十号以前搭船去粤，不意船期屡误，迁延至今仍未成行。最近消息，大约廿号左右可以购得船票。倘无意外变卦，届时即当离沪。首途为期匆促，不克趋前辞行，失礼之处敬祈海涵。所愿河清有日，即当早日归来，随侍左右也。婿庸驽无似，过承推爱，感愧之情，匪言可喻。此次远行，重违慈意，幸令爱贤能，十倍不才。道路种种，自当随处留神，不致重贻堂上

---

① 据朱尚刚在其撰写的《诗侣莎魂——我的父母朱生豪、宋清如》（北京：商务印书馆，2016年）中介绍，亲友们送的贺礼中，唯一比较贵重的礼品是华亚若送的一套浅棕色的玻璃小酒杯，包括一只玻璃盘子和十二只带柄的小杯子，形状就像现在的啤酒杯按比例缩小到四分之一，虽然不值多少钱，但十分小巧好玩，宋清如一直把它们珍藏在嘉兴家里，后朱尚刚带两只到杭州，剩下的在"文革"中丢失。结婚纪念册第一页是夏承焘先生的题词，也由朱尚刚带至杭州后毁于"文革"。

忧也……"①

5月中旬　原定5月上旬的船期因战争形势的变化取消，去四川的计划难以实现，且朱生豪对此行顾虑重重，两人经权衡，决定留下不走。

此时，朱生豪与妻宋清如及姑母、表姐租住的是一间八平方米的亭子间，"挤得转身都很困难，再要摊开书本来搞翻译，实在是太勉为其难了。而且上海的物价越来越高，也实在难以承受"。②考虑再三，宋清如提出回自己常熟老家暂住。

大弟朱文振于重庆中央大学教书，二弟朱陆奎在嘉兴老家照看老宅，战乱之时，老宅已破败不堪，朱生豪只得同意先去常熟暂住。

去常熟之前，朱生豪给宋清如写下《约法七章》：

一、为避免离别痛苦起见，生豪愿于本年暑期后随同清如重回常熟居住；并为使莎剧译事早日完成，不致时作时辍起见，非有重要事故，暂时不再返归嘉兴。

二、生豪愿对岳母尽最大可能之孝敬，并诚意服从清如之任何训令；唯清如亦必须绝对尊重生豪之感情，勿令其在精神上感受痛苦。

三、生豪必须按月以稿费三百元供给姑母等二人生活，清如必须予以种种精神上之协助，使其能在安定之心理下达成此项目的，而不致随时遭受不快意之阻扰。

四、清如必须向母亲明白要求划出每日下午时间作为与生豪商酌文字上疑难，及个人读书写作之用。

五、清如必须向生豪保证不得有六小时以上之离别，如有必要之理由，当先征得生豪同意，并约定准确归期，不可失信。

六、关于补习英文事宜，可由清如就下列二办法中决定采取一种（两种办法详情略）。

七、清如必须允许生豪不勉强其从事不愿意之行为，如单独陪陌生人吃饭等。③

①　朱尚刚：《诗侣莎魂——我的父母朱生豪、宋清如》，北京：商务印书馆，2016年，第218—219页。
②　朱尚刚：《诗侣莎魂——我的父母朱生豪、宋清如》，北京：商务印书馆，2016年，第219页。
③　朱尚刚：《诗侣莎魂——我的父母朱生豪、宋清如》，北京：商务印书馆，2016年，第219页。

6月2日　未等到暑期，朱生豪与宋清如就回到常熟岳母家。宋清如母亲一家租住于常熟西仓前，给他们在旁边西面店弄七号临河租住小楼，吃饭就在岳母家寄食，生活杂务由岳母家佣人兼顾。朱生豪化名朱福全领了良民证，一心译莎。

因朱生豪连译写的稿纸都无力购买，向世界书局申请资助，书局向他提供稿纸时特别强调要节约使用，关照他用稿纸的反面写，可多写一些字。

7月　宋清如每天上午给十多个放暑假的女孩子补习语文和算术，以补贴家用。朱生豪也常为宋清如的表弟王龙补习英语，关于这点他在《约法七章》第六条中写下"除王龙因至亲关系，可允其间日一来外，其余一概拒绝"，而且要宋清如向王龙母亲说明："教授王龙以不接受金钱酬报为条件，否则不教。"①

10月18日　阴历九月初九，重阳节，秋高气爽，宋清如以请朱生豪登高赋诗为由，终于让他走出书斋，登上常熟胜地虞山上的齐梁古刹兴福寺，畅游半天。可朱生豪人在虞山，心想译莎，竟责怪宋清如让他做了一天"无业游民"。

12月　已经重新译完了"第一分册"的全部喜剧（七个或九个）。②

此阶段，还与宋清如一起编选《唐宋名诗选四百首》，由宋清如抄录。③

1943年（民国三十二年）　31岁

1月中　朱生豪写信给在嘉兴家中的二弟朱陆奎，嘱他稍事安排，准备回家定居。

---

① 朱尚刚：《诗侣莎魂——我的父母朱生豪、宋清如》，北京：商务印书馆，2016年，第220页。
② 据朱尚刚考证，《暴风雨》和《仲夏夜之梦》的第二个译稿当时已经找回且成为后来的排印稿，在常熟时应该没有再译第三稿，故在常熟时应该是从《威尼斯商人》开始译的。估计在此期间很可能还译了一些喜剧以外的其他剧本，如悲剧，但均没有确实资料，故这里只能说含糊些了。
③ 该抄件现由嘉兴图书馆收藏。朱生豪还为此写过一篇短论，综述词的源流、发展、衍变的情况，有些见解颇有独到之处，可惜该文稿于"文革"中被毁。

1月末 阴历年底，偕妻子宋清如回到嘉兴老家东米棚下定居，因大弟朱文振结婚时在嘉兴布置过一个房间，一应家具齐全，文振一家尚在四川，房间空着，因此两人在朱氏老宅二楼正中的朱文振的原婚房中安顿下来，随后接姑母及表姐从上海返回嘉兴同住。

2月初 宋清如回常熟娘家。朱生豪一心扑在译莎事业上，宋清如回忆，此时从《罗密欧与朱丽叶》开始译起，接着是《哈姆雷特》等，这部分是初译，难度较大，手头仅有的工具书是两本词典——《牛津词典》《四用辞典》，既无其他可以参考的书籍，更无可以探讨质疑的师友。为了活动身体，朱生豪每日在院中汲井水四桶。

2月20日 自宋清如回娘家后，朱生豪断断续续写下了他给宋清如的最后一封信，表达对妻子的思念之情："心头象刀割一样痛苦，十八天了，她还是没有来。……明天大概不会下雨了，历本上说是好日子。你没有理由再不回来。要是你再不来，那我必需在盼望你的焦虑上，对你的平安忧虑了。最亲爱的人，赶快回来吧！……听见邻人家孩子呼唤母亲的声音，就勾起我失母的悲哀。二十年了，她的慈爱的音容，还是那么深刻在我的心上。我不愿把一般形容母亲的慈祥二字放在她的身上，因为她到死都只是一个□□的好心情的孩子。你是一个有母亲的人，你一定不会想到一个早年失母的人，是怎样比人家格外希望有一个亲切的人永远在他的身边。今天濂姊回来，给她的母亲放衣服，我见了她，忍不住要哭。……今年的春天，我们婚后第一年的春天，是这样成为残缺了。我为了思念你而憔悴。"①

2月21日 在这封写给宋清如的信中，朱生豪写下了爱的经典绝句："昨夜一夜都在听着雨声中度过，要是我们两人一同在雨声里做梦，那境界是如何不同，或者一同在雨声里失眠，那也是何等有味。"②

朱生豪撑着伞去车站等候宋清如，失望而返，回来路都走不动了，他称：

---

① 朱生豪：《寄在信封里的灵魂——朱生豪书信集》，宋清如编，北京：东方出版社，1995年版，第401—402页。

② 朱生豪：《寄在信封里的灵魂——朱生豪书信集》，宋清如编，北京：东方出版社，1995年版，第402—403页。

"独身生活也过了这么许多年了，从来没有象现在这样凄凉过。"①

2月22日　雨停，朱生豪去车站等候宋清如，依然未能接到。

2月23日　写信给宋清如：

仍然到车站望了一次。雨停了，地上收干了，鹁鸪也不叫了，空气中冷得厉害。明天你总不要再使我失望了吧？

……我们最初的二十年是在不知道彼此的存在中过去的。一年的同学，也只是难得在一处玩的，噩梦似的十年，完全给无情的离别占夺了去。大半段的生命已经这样完结了，怎么还经得起零星磨蚀呢？

梅花已经落得不成样子了，你怎么能对得起它呢？

今天以愉快的期待开始，好鸟的语声催我起身，阳光从东方的天空透出，希望能有happy ending（注：幸福的结局），结束这十多天来的悲哀。忙着把久未收拾的房间清理了一个早晨，现在还没有吃过早餐（昨天早上陆弟拿进一碗白米粥来，我吃了两顿，晚饭吃了一只粽子），坐下来写这几行。抬头望着窗外，我真不忍望那憔悴的梅花，可是园南边的桃柳欣欣向荣，白云是那么悠悠地飘着，小鸟的鸣声依然好象怪寂寞的，要是这空气里再有了你的笑语，那么春天真的是复活了。相信我，这许多天来我不曾对你有丝毫抱怨，可是今天你再不来，我可不能原谅你了。

想不到今天又是这样过去，我希望明天还是下雨吧，因为晴天只是对我的一个嘲笑。

第三次从车站拖着沉重的脚步归来，头痛、腰酸，身上冷得厉害，我的精神已经在这几天完全垮了。

为什么？为什么？为什么？②

3月至5月　朱生豪每天早饭后即上楼译作，握管疾书，除了吃饭，极少下

① 朱生豪：《寄在信封里的灵魂——朱生豪书信集》，宋清如编，北京：东方出版社，1995年版，第404页。

② 朱生豪：《寄在信封里的灵魂——朱生豪书信集》，宋清如编，北京：东方出版社，1995年，第404—405页。这是朱生豪写给宋清如的未曾发出的一封信，也是现存的最后一封信，据朱尚刚介绍，此信因蛀蚀比较严重，有一些字已经无法辨认，此信第一页（双面）缺失。

楼。其间稍事休息时，曾多次翻译《左传》，拟将编年体改作纪事本末体，因以小纸片记录，后已无法辨认。

6月14日　在世界书局任经理的陆高谊曾就稿酬一事写信给朱生豪：

生豪先生台鉴顷接六月十一日

来函藉悉一是近来物价高涨对于稿费原应酌量增加俾维生活兹准自七月份起改为每千字拾元计算请

台洽至上年十月至今年六月份期内所支款项及所交译稿字数核与来函所述数字相符台端翻译莎剧全集已历多年业经完成五分之三距全部竣事之愿已不在远为文化而劳苦至堪佩慰稿酬方面日后生活上如仍感觉困难请再函告情形届时当再考虑调整以副雅望也此复即请

撰安

弟陆高谊启[1]

夏　物价飞涨，每石米已在五百元以上，除少量房租外，基本无其他经济收入。晚上没有电灯，为了省下灯油，朱生豪已一改夜间工作的习惯，黎明即起，尽量利用白天的时间，一直到天色昏暗至难以识别字迹时才停笔。面对生活的窘困，精神上的压抑（嘉兴是沦陷区），他称只有在埋头工作中，才恢复了一点自尊心。邻人出于同情，曾建议他去找昔日的同学谋一个教职，他当时默不作声，后在家人面前说要他到日本人手下要饭吃，他宁愿到他妈妈那里去，表示了他宁死不屈的精神。

秋　腹部疼痛，牙龈炎，并时发高烧，曾卧病半月余，限于经济条件不肯就医，而且仍在坚持译莎。

11月5日　儿子出生，朱生豪认为父辈软弱，遭人欺辱，希望下一代能刚强一些，故为儿起名尚刚，小名旸旸。朱生豪在一本《莎士比亚词汇表》的封底内页上写下朱尚刚的生辰八字：三十二年十一月五日星期五晨十二时五十分，十月初八，癸未年癸亥月丁卯日子时。

虽生活困苦，朱生豪仍奋力译莎。宋清如后来回忆，当时除了逢年过节略

① 朱尚刚：《诗侣莎魂——我的父母朱生豪、宋清如》，北京：商务印书馆，2016年，第226页。

备肉食外，平日的菜蔬，一般只是青菜、豆腐、菜豆汤之类，中午偶尔蒸上两个蛋。朱生豪从不挑剔，只感到愧对老人和孩子。困苦的生活条件，摧残了朱生豪的健康。

12月末 已基本译完了莎翁的全部喜剧、悲剧和杂剧。

1944年（民国三十三年） 32岁

1月初 朱生豪开始翻译莎剧的最后一部分——英国历史剧。

按照原定计划，朱生豪次第译出了悲剧杰作，继《罗密欧与朱丽叶》之后，是《汉姆莱脱》《李尔王》《奥瑟罗》《麦克佩斯》四大悲剧和《裘力斯·凯撒》《安东尼与克里奥佩特拉》《考列奥来纳斯》三本罗马史剧，共八种，杂剧《爱的徒劳》《维洛那二士》等十种。他估计如果一切顺利进展，年内可以把所有英国史剧十种全部译出，大功告成。

3月 鉴于译莎工作进展顺利，世界书局开始考虑做排版等出版的准备工作，因为原计划的第三分册史剧还没有译出来，所以决定把原定为第四册的杂剧改为第三册先行制版。当时的惯例是由作者（或译者）进行最后一次校对，所以不久后书局就把制版后的校样连同译稿寄到嘉兴请朱生豪自行校对，为节省时间，校对任务由宋清如全部承担。

4月 完成《莎士比亚戏剧全集》第三辑，写完《译者自序》《第一辑提要》《莎士比亚年谱》《第二辑提要》《第三辑提要》，渴望在年底译完全集。

关于《译者自序》，朱生豪先概括了莎士比亚对于世界文学的意义：

于世界文学史中，足以笼罩一世，凌越古千，卓然为词坛之宗匠，诗人之冠冕者，其唯希腊之荷马，意大利之但丁，英之莎士比亚，德之歌德乎。此四子者，各于其不同之时代及环境中，发为不朽之歌声。然荷马史诗中之英雄，既与吾人之现实生活相去过远；但丁之天堂地狱，复与近代思想诸多抵牾；歌德去吾人较近，彼实为近代精神之卓越的代表。然以超脱时空限制一点而论，则莎士比亚之成就，实远在三子之上。盖莎翁笔下之人物，虽多为古代之贵族阶级，然彼所发掘者，实为古今中外贵贱贫富人人所同具之人性。故虽经三百余年以后，不仅其书为全世界文学之士所耽读，其剧本且在各国舞台与银幕上历久搬演而弗衰，盖由其作品中具有永久性与普遍性，故能深入人心如此耳。①

接着，他陈述了自己翻译莎剧的缘由：

中国读者耳莎翁大名已久，文坛知名之士，亦尝将其作品，译出多种，然历观坊间各译本，失之于粗疏草率者尚少，失之于拘泥生硬者实繁有徒。拘泥字句之结果，不仅原作神味，荡焉无存，甚且艰深晦涩，有若天书，令人不能卒读，此则译者之过，莎翁不能任其咎者也。②

朱生豪还在《译者自序》中展现了自己译莎的艰难历程：

余笃嗜莎剧，尝首尾研诵全集至十余遍，于原作精神，自觉颇有会心。廿四年春，得前辈同事詹文浒先生之鼓励，始着手为翻译全集之尝试。越年战事发生，历年来辛苦搜集之各种莎集版本，及诸家注释考证批评之书，不下一二百册，悉数毁于炮火，仓卒中惟携出牛津版全集一册，及译稿数本而已。厥后转辗流徙，为生活而奔波，更无暇晷，以续未竟之志。及三十一年春，目睹世变日亟，闭户家居，摈绝外务，始得专心一志，致力译事。虽贫穷疾病，交相煎迫，而埋头伏案，握管不辍。凡前后历十年而全稿完成（案译者撰此文时，原拟在半年后可以译竟。讵意体力不支，厥功未就，而因病重辍笔），夫以译莎工作之艰巨，十年之功，不可云久，然

---

① 莎士比亚：《莎士比亚戏剧全集》（第三辑），朱生豪译，上海：世界书局，1947年，《译者自序》第1页。

② 莎士比亚：《莎士比亚戏剧全集》（第三辑），朱生豪译，上海：世界书局，1947年，《译者自序》第1页。

毕生精力，殆已尽注于兹矣。①

而对于翻译的原则，朱生豪说：

余译此书之宗旨，第一在求于最大可能之范围内，保持原作之神韵；必不得已而求其次，亦必以明白晓畅之字句，忠实传达原文之意趣；而于逐字逐句对照式之硬译，则未敢赞同。凡遇原文中与中国语法不合之处，往往再四咀嚼，不惜全部更易原文之结构，务使作者之命意豁然呈露，不为晦涩之字句所掩蔽。每译一段竟，必先自拟为读者，察阅译文中有无暧昧不明之处。又必自拟为舞台上之演员，审辨语调之是否顺口，音节之是否调和。②

《第一辑提要》内容如下：

本辑选集莎氏喜剧九种，代表作者各时期不同的作风。

在早期杰作《仲夏夜之梦》里，莎氏运用他丰富的诗人的灵感，展开了一个抒情的梦想的境界，在这世界中游戏追逐的神仙和人类，除了为恋爱而苦闷之外，都是不识人世辛酸为何物的；那顽皮刁钻的仙童迫克，也就是永久的青春的象征。

《威尼斯商人》、《无事烦恼》、《皆大欢喜》、《第十二夜》，都是莎氏第二期的作品。他在喜剧上的才能，在这时期已经发展到了最高峰。《无事烦恼》以下三剧，是被称为 Three Sunny Comedies（愉快的三部曲）的；《威尼斯商人》则是一本特出的杰作，在轻快明朗的喜剧节奏里，插入了犹太人夏洛克这一个悲剧的性格，格外加强了戏剧的效果。

把莎氏的初期喜剧——《仲夏夜之梦》、《爱的徒劳》、《错误的喜剧》、《维洛那二士》——以至于同一时期的抒情悲剧《罗密欧与朱丽叶》和第二

---

① 莎士比亚：《莎士比亚戏剧全集》（第三辑），朱生豪译，上海：世界书局，1947年，《译者自序》第1—2页。

② 莎士比亚：《莎士比亚戏剧全集》（第三辑），朱生豪译，上海：世界书局，1947年，《译者自序》第2页。

期的几本喜剧相比较，可以发现一个显著的不同点，即在初期各剧中，无论主角或配角，他们的性格都是很单纯的，几乎没有一个是坏人；在次期作品中，则莎氏对于人物的创造已经有了更充分的把握，我们不但发现像夏洛克和唐·约翰（《无事烦恼》）一类的"坏人"，并且还有玩世不恭的托培·裴尔区爵士（《第十二夜》）和饱经忧患参透人生意义的亚登林中亡命的公爵（《皆大欢喜》）以及其他许多各色各样或善或恶的角色。这表明作者自身已经接触到更广大的世界，获得更丰富的人生经验，所以才能在他的作品中添上一重更亲切的人情味；然而支配这些喜剧的中心人物，却是浦细霞、罗瑟琳、琵菊丽丝、薇珴拉这一群聪明机智活泼伶俐的女性，她们就像一朵朵初夏的蔷薇，在灿烂的阳光中争妍斗媚，同时也反映了作者全生涯中最光明的黄金时代。

自此以后，莎氏似乎在精神上受到一度重大的打击，使他对于人生的痛苦，虚伪的世相和复杂的人性，有了更深的理解。在他创作生活的第三期中，他几乎倾其全力于伟大的悲剧，但它们都充满着辛辣的讥刺，和前期作品中轻快的情调显然异趣了。

莎氏在完成他的最后一本悲剧杰作《英雄叛国记》（Coriolanus）后，差不多已经殚尽他的毕生的精力；他的晚期只写了一本幻想剧《暴风雨》，两本传奇剧《冬天的故事》和《还璧记》（Cymbeline），它们共通的特色，就是有一段悲欢离合的情节，而最后以复和宽恕和团圆作为结束，正像一个老翁在阅历人世沧桑之后，时间的磨练已经使他失去原来愤世嫉俗的不平之气，而对一切抱着宽容的态度。这里我们选取《暴风雨》和《冬天的故事》二剧代表作者晚期的作风。

从热情的仲夏夜的幽梦：到感伤怀旧的负曝闲谈，这不但显示了莎氏整个创作生活过程，也恰恰反映了人生的全面。我们的诗人虽然辍笔了，可是密兰达与茀迪南，珀娣妲与茀洛利泽的身上，我们却可以看出他把新生的希望完全寄托与这些下一代的青年男女。我们的诗人老了，然而他永远是年青的。[1]

---

[1]　莎士比亚：《莎士比亚戏剧全集》（第一辑），朱生豪译，上海：世界书局，1947年，《第一辑提要》第1—3页。

《第二辑提要》内容如下：

　　本辑包含莎氏悲剧八种，作者毕生悲剧杰构，尽萃于此。

　　《罗密欧与朱丽叶》是莎氏早期的抒情悲剧，也是继《所罗门雅歌》以后一首最美丽悱恻的恋歌。这里并没有对于人性的深刻的解剖，只是真挚地道出了全世界青年男女的心声。命运的偶然造成这一对恋人的悲剧的结局，然而剧终的启示，爱情不但战胜死亡，并且使两族的世仇消弭于无形：从这一个意义上看来，它无宁是一本讴歌爱情至上的喜剧。

　　《汉姆莱脱》、《奥瑟罗》、《李尔王》、《麦克佩斯》，这四本是公认为莎氏的"四大悲剧"的。在这些作品中间，作者直抉人性的幽微，探照出人生多面的形像，开拓了一个自希腊悲剧以来所未有的境界。关于这些悲剧中主人公的性格，无数的批评家已经写过洋洋洒洒的大文，对它们作详细的分析和讨论了；这里译者除了把剧本的本身直接介绍给读者以外，不想用三言两语的粗略的叙述，向读者作空泛的提示。关于这四剧的艺术的价值，几乎是难分高下的：《哈姆莱脱》因为内心观照的深微而取得首屈一指的地位；从结构的完整优美讲起来，《奥瑟罗》可以超过莎氏其他所有的作品；《李尔王》的悲壮雄浑的魄力，《麦克佩斯》的神秘恐怖的气氛，也都是戛戛独造，开前人所未有之境。

　　《英雄叛国记》、《该撒遇弑记》、《女王殉爱记》，这三本悲剧自成一类，同样取材于罗马的史实，而这些史实的来源，则系莎氏由普卢塔克（Plutarch）《希腊罗马伟人传》的英译本中所取得。我们不能不感佩作者的天才，因为从来不曾有一个当代或后世的罗马史家或传记家曾经像作者在这三本悲剧中那样把古代罗马人的精神面目活生生地表现出来。这三剧的庄严雄伟的风格，较之作者的"四大悲剧"也可以毫无逊色。①

《第三辑提要》内容如下：

---

　　①　莎士比亚：《莎士比亚戏剧全集》（第二辑），朱生豪译，上海：世界书局，1947年，《第二辑提要》第1—2页。

本辑收罗前二辑中所未收的喜剧悲剧传奇剧等共十种，它们在莎氏集中都是属于次要的作品，然而瑕不掩瑜，即使在这些次要的作品之中，我们也可以随处发现灿烂的珠玉，同时为了认识莎氏整个的面目起见，这些作品更不容我们忽视。各剧的性质略述如下：

《爱的徒劳》是莎氏第一本写成的喜剧，它的主旨在讽刺当时上流社会轻浮虚夸，掉唇弄舌的习气。故事极简单平淡之至，但全剧充满了活泼的诙谐与机智的锋芒。

《维洛那二士》是莎氏早期试作的恋爱喜剧，从全体说是失败了的，但第一幕第二场描写裘丽霞接到情人的来信时底心理，却是一段绝妙的文字。

《错误的喜剧》、《驯悍记》、《温莎的风流娘儿们》，都不是纯正的喜剧，只能认为"笑剧"（farce）。最后一本是莎氏奉伊莉莎白女王之命而写下的，因为他在史剧《亨利四世》中创造了约翰·福斯泰夫爵士这一个丑角，获得绝大的成功，所以伊莉莎白叫他就用福斯泰夫作为主角，另写一个剧本，结果就产生了这本在薄伽邱（Boccaccio）式的幽默之上加一些英国乡土色彩的趣味洋溢的笑剧。

《血海歼仇记》是莎氏早期试作的悲剧。也许因为一方面受到当时舞台上流行的所谓"悲剧"的影响，一方面作者尚未能把握及运用悲剧的技巧，使本剧成为全集中最失败的作品。除了野蛮的残杀和报复之外，粗疏陋拙，不近人情，简直一无可观。然而我们所以对本剧发生兴趣者，乃因莎氏在经过这一次失败以后，即绝笔不再写此种文字，而在较后数年之中，接连产生了《该撒遇弒记》、《汉姆莱脱》这一连串伟大的悲剧，这中间的惊人的进展，不能不令人咋舌。

《特洛埃围城记》在形式上不属于喜剧，也不属于悲剧，我们无宁称之为"骂剧"倒比较更为适当一些。它的题材系取乔叟（Chaucer）的 *Troilus and Cressida* 为蓝本，对《荷马史诗》中半神性的希腊英雄作一次翻案的文章；在莎氏的笔下，这些天神式的英雄完全变成了一群糊涂庸妄、自私傲慢、奸诈懦怯的家伙，然而不公的天道，却偏偏使忠勇正直的赫克脱失败在他们的手里。在作者全部作品中，这是最辛辣的一本。

假如援照《特洛埃围城记》的例子，那么《黄金梦》也可以同样称为"骂剧"，虽然它是用悲剧的形式写成的。从本剧的文字上观察，似乎并不是纯粹出于莎翁的手笔。

《还璧记》是与第一辑中《冬天的故事》同类的传奇剧。剧中女主角伊慕琴是莎氏最出力描写的女性中的一个；全剧的结构与文字均极优美，较《冬天的故事》有过之而无不及，但普修默斯在狱中见鬼见神这一段，不但是蛇足，简直是狗尾，大大地贬损了本剧的价值。

《沉珠记》也是一本传奇剧，但在莎氏戏剧第一次汇订本的所谓"第一对开本"中，并未将其列入；而该剧的体裁亦与莎氏其他作品迥异。据人考定，其中只有少数几行出于莎氏之手。所谓体裁与各剧不同之处，即伶人表演所不能尽情处，由Chorus一人（译者援中国杂剧传奇楔子中例译为副末）说明补充。这是莎士比亚以前，伊莉莎白时代戏剧中常见的格式，但在莎氏剧本中，这一种幼稚拙劣的方法，差不多已经被完全取消了。[1]

此月，给弟朱文振的信（最后一封）中写道："这两天好不容易把《亨利四世》译完，精神疲惫不堪，暂停工作，稍事休养，……这一年来，尤其是去年九月以后到现在，身体大非昔比。……因为终日伏案，已经形成消化永远不良的现象。走一趟北门简直有如爬山。幸喜莎剧已大部分译好，仅剩最后六本史剧。不管几时可以出书，总之已替近百年来翻译界完成了件最艰巨的工程。……"[2]

5月　朱生豪前后已连续译出三十一个剧本，还有《亨利五世》两幕。当译到《亨利五世》第二幕的一部分时，病情加重。

5月26日　朱生豪去信世界书局，请求支取一部分稿费及校对费，以应付日常生活开支。

6月初　突然肋间剧痛、体温骤高，出现痉挛，无法支持，从此卧床不起，经嘉兴沈开基医生（后沈开基得知朱生豪的境况和事业后，主动提出按期出诊，

---

① 莎士比亚：《莎士比亚戏剧全集》（第三辑），朱生豪译，上海：世界书局，1947年，《第三辑提要》第1—3页。

② 宋清如：《朱生豪与莎士比亚戏剧》，《新文学史料》1989年第1期。

免收诊金）诊断为严重的肺结核，且是肠结核、胸膜结核、胸膜结核、肺结核并发，家人须小心护理。宋清如依从医生嘱咐，给朱生豪服药打针，劝他安心休养，停止译述。到这个时候，朱生豪才不得不搁下笔来。

宋清如后来回忆："那时物价飞涨，我们咬紧牙关，节衣缩食，支撑着过着日子。生豪既不肯为日伪工作，也不愿向亲友告借，所以病越拖越重。那些日子当时是怎么过来的，现在简直难以想象。他那坚毅的品格，宁死不屈的精神，永远震撼着我的心灵。"①

6月10日　因一直未收到世界书局方面的回音，宋清如写信给世界书局经理陆高谊报告朱生豪的病情，并请求支取一些稿酬和校对费。原文如下：

高谊先生大鉴久违
道范曷胜景仰外子生豪自去岁迄今因孜孜译事劳心过度时有不适上月二十五日曾函朱联保先生告支稿费二千五百元暨校对费一千元历时半月未见惠下颇为系念本月三日生豪病状突见加剧肋骨肺部均呈炎状且肠胃心脏亦俱有病现由西医诊治针药并用尚未全退恐两三月内不能继续工作特告假两月以资完全休息②

实际上，6月5日，世界书局已经由工作人员朱联保发了回信：

生豪先生大鉴顷接五月廿六日
台扎藉悉一是近来上海邮工因生活问题工作效率不能如前故来往函件收到较迟五月二十五日寄上校样三部（第十二夜、麦克佩斯、李尔王）谅已收到今将校费改为每册150元除首批四册付过400元作讫外其余九册暨上列三册共为十二册应付校费1800元并预支稿费2500元两共为4300元兹由汇源银行汇奉至请
查收目前施瑛君来信询及

---

① 嘉兴市政协文史资料委员会：《嘉兴文杰》（第二集），北京：当代中国出版社，2005年，第529页。
② 宋清如于1944年6月致陆高谊函稿二件原件已捐献嘉兴市图书馆，此处所引文字见朱尚刚：《诗侣莎魂——我的父母朱生豪、宋清如》，北京：商务印书馆，2016年，第241页。

台端住址谓拟与　台端通信故已将尊址告彼至施瑛之住址为"长安转新市镇西河口"请

台洽为荷专此顺颂

撰祺

弟朱联保启[1]

6月中旬　宋清如在收到陆高谊来信及五千元奖金后，写信回复陆高谊：

高谊先生台鉴昨奉　赐函并蒙先惠奖金五千元以贵眉急铭感无既生豪病状当时因症状复杂医生未能确断诊治经过已稍见轻现每日体温最高点仍在38℃以上似为结核性肋骨炎腹膜方面恐亦蔓延目前日服退热剂间一日注射葡萄糖钙及维他命C至于

台端介绍之"大健凰"及"消治龙"两药昨询医生据云可不必用辱承

眷注敬申谢忱校样前后留存者尚有六册已征得生豪意见开始校阅李耳王第十二夜及麦克佩斯当于一星期内寄上其余三册亦续校后奉寄[2]

7月　朱生豪自知病情严重，已看不到抗战的胜利，又无法译完莎氏全集，悲痛万分。他说："早知一病不起，拼着命也要把它译完。"[3]

12月中旬　朱生豪病危，让宋清如嘱告文振弟继续译完六部历史剧，以了未竟之意。至此，共译出莎剧三十一部半，尚存五部半历史剧。

12月24日　朱生豪躺在病榻上，忽然用英语高声吟诵莎剧，时断时续。

12月26日　中午，朱生豪离世，年仅32岁。时，妻宋清如33岁，子朱尚刚13个月。宋清如回忆：

到咽下最后一口气为止，他的神志总是清醒的，从来没有昏迷过。大概是临终前两天，他告诉我大便失禁了，要我给换裤子。那时他两腿已经

---

①　朱尚刚：《诗侣莎魂——我的父母朱生豪、宋清如》，北京：商务印书馆，2016年，第241页。
②　朱尚刚：《诗侣莎魂——我的父母朱生豪、宋清如》，北京：商务印书馆，2016年，第242页。
③　朱尚刚：《诗侣莎魂——我的父母朱生豪、宋清如》，北京：商务印书馆，2016年，第240页。

僵直。我一看，发现不是大便，全是鲜血，估计是肠子迸出的，当时没有告诉他。他叫我给他擦洗全身，而且说，"我的一生，始终是清白的"。就在那天晚上，我已经带着孩子睡下了。他叫我说："我要去了。"我赶忙起身，大声呼叫，他才回过气来，可是埋怨我说，不应该拖住他延续他的痛苦。我说明自己的心情，总是感到每一分钟都是宝贵的。他叮嘱我要坚强一些，多为自己打算一些，不要求取别人怜悯。其后到临终前的两天时间内，他只喝一些汤水，但是相当平静，似乎也不很痛苦。也有可能是他忍受着一切煎熬，不愿别人分受他的痛苦。所以到他最后的时刻，告诉我"要去了"的时候，我只默默地握着他的手，不敢哭也不敢叫。实际上也就不到一分钟，他呼吸一口短似一口，很快就断了气。人家告诉我，临死的人听觉死得最迟，既然一切无可挽救，我只能希望他安心地闭上眼，在安详中死去。这幕情景，确实至今记忆犹新。[1]

---

① 此为宋清如1985年7月8日写给《朱生豪传》作者吴洁敏、朱宏达的信，原文见：吴洁敏、朱宏达：《重读清如老师来信感言》，嘉兴市文物保护所编：《译界楷模　高山仰止——朱生豪百年诞辰纪念文集》，杭州：浙江古籍出版社，2013年，第13页。

身　后

1945年（民国三十四年）

1月18日　弟朱陆奎病逝，终年30岁。

春　宋清如带儿子朱尚刚回到常熟，宋清如后在常熟县立初级中学教书。

8月　朱文振收到宋清如来信，得知兄朱生豪及弟朱陆奎已相继去世，悲痛欲绝，他在信中写下："幼时五年之内先父先母先叔祖母先后逝世亦尚不及此三两月间损折之惨且巨凋零衰落已三数代矣何列祖列宗之不佑而复之此剧变乎逝者已矣吾等未亡之人则来日至为不易思念及此每悚惧痛绝不可自已。"[①]

11月　宋清如给詹文浒写信告之朱生豪去世的消息，当时詹文浒也在打听他们的消息，詹文浒因此很快就回了信："接阅来信，第一次知道你的着落。我九月三日返沪后，第一个被查询的朋友就是生豪。听到他的死耗，我确是流泪的。你的大文[②]，已送中美，当可发表。希望你来沪一次，工作之类，等会面之后再行决定，我负责。"[③]

11月22日　《中美日报》的《集纳》副刊上发表了宋清如写的《生豪周年祭》：

> 似梦非梦地，这一幕太凄凉，太悲惨的事实，竟已过去有一年了。
>
> 谁说时间的老人，会医治沉重的创伤，我不信这悲痛的印象，会有一天在我记忆里淡忘。
>
> 一年，整整的一年，我在雪花的纷飞时，在红杏的灼灼中，在滔滔的淫雨中不断地悲悼着，感伤着，现在又是秋尽入冬了。季节过去得太慢也太快，但谁又能把失去的生命重新捡回来呢？

---

① 朱尚刚：《诗侣莎魂——我的父母朱生豪、宋清如》，北京：商务印书馆，2016年，第244页。
② "大文"指宋清如写的《生豪周年祭》。
③ 朱尚刚：《诗侣莎魂——我的父母朱生豪、宋清如》，北京：商务印书馆，2016年，第249页。

在胜利声中，在《中美日报》复刊声中，在《莎氏全集》出版声中，只有我使用眼泪追悼着你，一名为文化事业奋斗过而不幸中途牺牲的无名英雄。你的心血不曾为你自己开出鲜美的花，更不曾亲自尝到果实的滋味。我不能想象你现在究竟有没有灵觉，假如有，该是作何种感想。

　　我不会淡忘了你在用心时的态度，为了力求文意字句的尽善尽美，不惜时间地反复思考着，诵读着，体味着，一个个一个个字津津有味地咀嚼着。你告诉我从辛苦的思维中蕴蓄着无限的乐趣，可是害你生命的病魔，却也从此生了根。你自己明知道翻译莎氏剧本是顶着石头做戏，吃力不讨好的工作，可是你却始终不断地殚心竭力，毫不顾惜自己的精力有限。我真奇怪你干着这工作究竟是为名还是为利。说是为名吧，人家避重就轻，沽名钓誉的事情多着呢，像你这样的天才，就怕没有工作做吗？如其说为利，那才是笑话！这几年文人末路，是谁也不会否认的事实。世界书局所给你的稿费，连自己的生活都不够维持，生生地看着缺少营养的身体，一天天挣扎到呕完最后一口心血为止。甚至在病重时，无可奈何时告借一点生活费，人家会给你个不睬。死了之后，也许正有人在说着活该。

　　你以为忠实地为中国文化努力，不顾一切地在困苦中努力，是你的本份，可是你却不曾明白现在的时代，决不是如你那般忠厚、纯洁、清白的人所能应付的。你可以站在本位上努力，可是谁会对你抛掷一丝同情？人家称你是圣人，这还不是笑你的迂？牛角尖的空隙里，自然你会临到末日了。

　　认识你的人，谁都知道你不善说话，也许这就是不易得人了解的一个原因。可是善于用口的人不善于用手，是一般的现象。我记得你的每一句话，就因为你的话不太多的缘故。但我也保留着你的信件，它们记载了你的几年中的生活。

　　你告诉我工作得最有兴趣的是在《中美日报》中当编辑的时期。你说你作着忙碌的工作，夜以继日地在被压制的环境下作正义的奋斗。以极短的睡眠恢复疲劳的精神。后来，在太平洋炮声响起以后，你从牢狱似的报社逃出以后，便如有所失的起了茫茫之感。现在《中美日报》已经复刊了，而你过去的成绩，却跟着你的死亡给人遗忘了。

　　如其你现在还活着，我不知道你将再找寻哪一种为人类呕心沥血的工作。如其你现在还活着，对于自己的成绩，会有何种满意的微笑。如其你还活着，会再给文化界多少贡献。

总之，你活着是为了文化不惜牺牲，死了却苦了我和孩子。孩子固然太小，太不懂事，但我却为了他这摆脱不了的累赘，在现在的社会经济制度下简直无法谋生。以后的问题，死的无力安葬，活着的无法自存，解决的办法，只有天才知道。

实在是，像你这样的人，太天真，太纯洁，就是你真的活着，教你发财升官走红，你也不会。我总觉得你的本身就是一首诗，一件艺术品，不懂得人间的把戏。要你自己负担自己的生活，已是多事的，残酷的，何况要把家人的生活，压在你自己身上。我知道你最后仍不能放下我和孩子，而我却为了竭力减少你的痛苦起见，勉强说着"我们总不致走上绝路"，要你放心。其实痛苦啮着我的心，比苦口的药物正不知难受到几倍。你的死亡，带走了我的快乐，我的希望，我的敏感。一年来，我失去了你，也失去了自己。要不是为着这才满周岁的孩子，我不知道哪来活着的勇气。

我不敢多想，但我怎能不想？什么都有刺激我悲哀或怨恨的力量。

但是，生豪，人们的命运同你我相仿佛，也许多的是。多少成功的英雄们，是踏着牺牲者的血迹前进的。

我祝福你灵魂的安谧，我祝福同你我同样命运的人们有较好的遭遇。[①]

1946年（民国三十五年）

1月15日　宋清如撰写的《朱生豪与莎士比亚》由詹文浒转交给范泉主编的《文艺春秋》，后发表于《文艺春秋》第2卷第2期：

---

① 转引自朱生豪、宋清如：《朱生豪情书全集》（手稿珍藏本）（下），朱尚刚整理，北京：中国青年出版社，2013年，第375—376页。

世界书局将要出版朱生豪译的《莎士比亚戏剧全集》，这消息，恐怕还远在去年的秋天。要不是译者的中途逝世，把最后几本给遗留下来的话，也许这全集早就可以和大量的读者见面了。不管这一部译作的成绩如何，但是能有这么大胆，这么勇敢作全部译出的计划，总不是一件容易的事。不幸的是功亏一篑，延误了出版的时期。而译者的殚心竭力，鞠躬尽瘁，死而后已的精神，不容不先为读者介绍。

本来是生豪自己的意思，屡次要我执笔为他写一点序文之类的东西，等着出版时赘在卷首。我老是推辞着不肯。第一因为我在这几年中忙着孩子家事，那来闲暇的时间掉弄笔墨。再有，序文之类的东西，无非捧捧场，拉自己人说话，怕不丢死人。所以我总说那完全是多事，我既非名人，又非学者，人家不会希罕我的文字。但他总以为这一部译作的完成，大部分有我在旁边，不时参加一些无关紧要的意见。中间的甘苦，只有我知道得顶清楚。现在，不幸生豪全部工作没有完成而永辞人世，已有一年了。每当我想起他为莎士比亚而憔悴，而病倒，而死亡的情况，总不免心痛几裂，欲哭无泪。

……

分析生豪痛死的原因，至少有两点：第一为了穷。虽说"君子固穷"，他有那股自命清高，不怕穷，但求清白的劲儿，一切都能耐。但枵腹岂能从公，思想也得依赖食物作营养。他前后所得的报酬，每月不足一石米的代价，生生地为了缺乏营养，工作辛苦，身体日渐消瘦，精神日渐困顿，久后便药石无灵了。第二个原因，那不能不说是为了莎氏剧集。他对于工作，总是聚精会神地全心贯注着，译述的困难，不是亲自尝味的同志们，未易想像其中的甘苦。为要求文字的达、畅、忠，他每不惮麻烦地思索着，诵读着，务使适合于上演表白。他总说要尽量保存原文的优点，但最好要减轻外国的情调，使这一部伟大的戏剧全集，能在中国人的眼光中感到亲切而不显得生疏。当然唯一的理由，是因为莎翁所创造的人格故事，都是人性的世界性的，所以他的价值，不是时间或空间可能限制的。有时为了一两字或一两句的问题，可以使他沉思上好半天，甚至吃饭也是他，走路也是他，睡眠也是他，他那专心的情状，真配给人笑书呆子。莎翁作品中最使他感到困难的，便是一部分双关语，带着英国语文中特有的风趣，可是一经译出，便完全失了神韵，而显得蛇足了。

至于他译笔的优劣，我不想为他夸张，将来全集和读者见面以后，自然会有公正的评语。他译述的态度，是相当严肃的，凡未经自己译成的部分，绝对不肯先读别家的译本，怕在无形中受到暗示，影响自己的作风。再因为莎剧材料的丰富，使他很费了一些心血。虽则离完成尚缺五本半，但自从他着手译出《暴风雨》时开始，至死亡为止，经过了已有整整底十年，在这长长的时间里，他自己的笔力，也是显著的进步。大概喜剧部分多数是早就完工的，如《仲夏夜之梦》、《暴风雨》等等，读起来是可爱的轻快，脱不掉稚嫩的口气。而在悲剧以及史剧一部分，则是后期的产物，就可发现作者的熟练、流利，所谓炉火纯青的境地。《罗密欧与朱丽叶》、《哈孟雷特》、《女王殉国（爱）记》、《该撒遇弑记》等篇，尤其是他得意的作品，如果能和其他作家译本对勘，便很容易发现他的特长。但是在用语体诗译出的部分，却要推早期作品较为优美自然，也许只是年龄的关系。刚脱离大学生活时代的朱生豪，完全是一个诗人。有一个朋友说过，朱生豪的本身，便是一首诗，这当然是有相当根据的。

现在说着这些话，已在他死去一年之后，对于他都是无足重轻的了。我自恨不能为他完成未竟的工作。很希望文振弟（现在中大任教）能如他的期待，早日为他了结未偿的志愿。更希望他永生于读者的记忆里，如同永生在我的记忆里一样。恶劣的环境，把生豪磨折死了，但这损失决不完全属于我私人的。关心中国文化界的大人先生们，将来总该放一线生路，让他们或她们，有足够静静地沉思的机会才好！ [①]

范泉后来回忆了当时的情景：“我对朱生豪离开报社直到病逝前的译莎和生活情况，是在我看了他的夫人宋清如写的《朱生豪和莎士比亚》一文后才知道。这篇文章是在朱生豪1944年12月26日逝世后一周年时撰写，由当时在《新闻报》任总经理的詹文浒转给我。我怀着非常沉重的心情，读完了这篇情深意切

---

① 宋清如：《朱生豪和莎士比亚》，《文艺春秋》1946年第2卷第2期。此处引用了原文的开头与结尾部分，其中关于朱生豪译莎的过程大部分与《译者介绍》中相同。

的文章，立即只字不易地把它编在《文艺春秋》月刊1946年1月15日出版的第二卷第二期上发表。"①

2月　宋清如携子朱尚刚回到嘉兴，经詹文浒介绍去秀州中学任教。同时积极和世界书局联系朱生豪已译出的莎剧出版事宜。

宋清如写下《译者小志》（后进一步修改后更名为《译者介绍》，作为世界书局出版的《莎士比亚戏剧全集》的附件）。

《译者介绍》节选：

> 正是二十五年的秋天，他寄给我读他所译出的第一部《暴风雨》，更告诉我译事的计划。他估计全集有一百八十万字左右，可以在两年内译完。接着译出的有《威尼斯商人》、《仲夏夜之梦》、《第十二夜》等一部分喜剧及杂剧，到廿六年秋天，顺利地成功的，大概有七八部。那时因为和世界书局订了约，译成后随即交向局方。但不幸的战事，曾使他的译稿遗失了一部分。所以现在刊印的《威尼斯商人》、《温莎的风流娘儿们》等几部，都已是第二遍的译稿了。

> ……他在英国诗人中，除了对于莎翁心悦诚服以外，对雪莱、济慈、但尼生、勃郎宁等都有相当的研究。他在高中时期，就已经读过不少英国诸大诗人的作品（因为他读文科，那时高中也分文理科的），感到莫大的兴趣，所以他与他们的因缘，实在不浅。他原想在莎剧全集译成之后，再贾余勇译出莎氏全部十四行诗，然后从事翻译高尔基全集。谁料这些计划，全成为泡影。他在中国诗人中，特别爱陶渊明，当然因为渊明的恬淡清高，正和他相似之故。

> 关于莎氏剧集译笔的优劣，我并不想为他夸张或文饰。因为贤明的读者，自有公正的评论。但我可以顺便提及的，便是在他译就的三十一本又半的中间，译者自己的文笔，有着显著的进步。自从他开始译述至死亡

---

① 选自朱尚刚：《诗侣莎魂——我的父母朱生豪、宋清如》，北京：商务印书馆，2016年版，第253页。

为止，中间经过了整整的十年，笔力方面，有着相当的差别。大概说起来，最初成功的几部，多数是喜剧部分，如《暴风雨》、《仲夏夜之梦》等等，文笔是可爱而轻快自然。而后来成功的那些悲剧、杂剧、史剧等，却显得老练、精警、流利，正是所谓炉火纯青的境地。尤其是《罗密欧与朱丽叶》、《汉姆莱脱》、《女王殉爱记》、《该撒遇弑记》、《麦克佩斯》、《李尔王》、《奥瑟罗》等，更是他得意的作品。但在用语体诗译出的部分，却是早期的译作，更较优美自然：也许只是年龄的关系，刚脱离大学时的朱生豪，完全是一个诗人。有一个朋友说过，"朱生豪的本身，便是一首诗"。这当然不是无所根据的。然而，十多年前见到这一首悠然自得的诗的人，如何能想象到，十多年后的这一首诗，会已经由苦难而逝去了呢！①

3月10日　朱文振为拟出版的《莎士比亚戏剧全集》写了一篇《莎翁传略》和一篇《附记》寄给宋清如，并对宋清如的《译者小志》文稿提出修改意见。

3月27日　朱文振给宋清如的信中提到："又森兄对三李之奇才（义山之丽、长吉之鬼、太白之逸）均曾有极大喜爱，或可插入《译者小志》否……"②

7月　抗战胜利后，《之江校刊》第二期《校友动态·哀思录》载朱生豪病逝的消息。

8月　朱文振从重庆随中央大学迁回南京。

8月底（或9月初）　宋清如将全部定稿的附件寄给世界书局，世界书局即进行排印。

10月8日　世界书局朱联保去信给宋清如告之决定不出单行本而改出《莎士比亚戏剧全集》第一辑、第二辑、第三辑等三本，并将校样寄给宋清如③：

清如先生大鉴　前承寄下莎氏全集各项文件收到后曾于九月十八日复上一函

---

① 莎士比亚：《莎士比亚戏剧全集》（第三辑），朱生豪译，上海：世界书局，1947年，《译者介绍》第3、5、6页。
② 朱尚刚：《诗侣莎魂——我的父母朱生豪、宋清如》，北京：商务印书馆，2016年，第271页。
③ 世界书局曾一度考虑在出版已经译出的莎氏全集之前先出版部分剧本的单行本，宋清如为此拟写了序，后来因书局直接出三卷本《莎士比亚戏剧全集》，未出单行本，故单行本序未曾刊用。后收入朱生豪、宋清如：《伉俪——朱生豪宋清如诗文选》，朱尚刚整理，北京：中国青年出版社，2013年。

琼荷

察及该项文件（目次提要自序介绍年谱等）现已排就兹将校样寄上请校阅后寄回为盼现经再三研究为容纳上项文件便利起见决定不出单行本而出第一辑第二辑第三辑等三本硬面洋装至第四辑只得俟将来译全后再印

专此顺颂

教祺

朱联保谨启

中华民国卅五年十月八日 [1]

12月15日　宋清如以笔名"小青"在《文艺春秋》第3卷第6期发表《委曲——二周年祭生豪》：

　　谁都不曾向我撒谎，这又是冬的季节了。在西北风的呼号中，悚栗的不只是衰草和枯木。但使我痉挛的，却不是严冬的淫威，而是痛苦的记忆。虽则今年的春天，也曾开过惨红的花，点缀在千创百孔的土地上，秋天也有灰白的月亮，照耀着惊悸的梦寐。但季节的转变，毕竟没法掩饰过去的创伤。阴霾的风，阴霾的云，是大雪纷飞的预兆，这不是在你逝世之后，又将过着第二个冬天了吗？我悲哀，我战栗，但我却挤不出泪水，洒向你的灵前；也拉不开喉咙，向你哭诉着委曲。在你逝世才及二周年——这太长也太短的时间——后的今天，我对于你的哀念，就会如此淡漠了吗？也许是，人家会作如此看法。但是，生豪，除了你，我不想人家知道我，也不愿人家知道我。你是我这世上唯一的知己，唯一的信仰，你的死亡，带走了我的快乐，也带走了我的悲哀；人间那有比眼睁睁看着自己最亲爱的人受着临终时那份痛苦更惨痛更难堪的事！痛苦撕毁了我的灵魂，煎干了我的眼泪，活着的不再是我自己，只似烧残了的灰烬，枯竭了的古泉，再爆不起一星火花，漾不起半丝漪涟。不是吗，亲爱的朋友，我将再对什么事感到兴趣，也何必向人家求取同情。

---

　　[1]　朱尚刚：《诗侣莎魂——我的父母朱生豪、宋清如》，北京：商务印书馆，2016年版，第272页。

……

　　最近我希望完成的，是你底坟墓。想起你现在寄寓的会馆，准会使你痛苦到极点。活着顶不惯跟陌生人敷衍的你，现在竟置身在如此嘈杂的场所。我想望有一块较为近便的土地，能使你和父母安葬在一起。清风明月之夜，好让诗灵徘徊于松下泉畔，悠然地踯躅低吟。但是，买地固然力难即办，安葬又是谈何容易。把希望尽管移植在将来，徒然使我的心头，永远压着重石，也无法向你告慰。于是，惟有把一切交给命运，待事实来作我的见证了。①

1947年（民国三十六年）

6月　世界书局出版朱生豪译作《莎士比亚戏剧全集》第一至三辑，计二十七个剧本。

7月3日　为配合世界书局《莎士比亚戏剧全集》的出版，《申报》刊载了施瑛写的《莎士比亚的译者》一文，对朱生豪的生平和译莎情况做了介绍，内容节选如下：

　　……如果有人对于莎翁杰作，久仰大名，而研读原文有所未能的话，生豪兄这一部流畅优美的全集译本，是值得推荐的。请看译者的自白，就可以懂得他翻译时的煞费苦心（虽然自白出以文言，全集剧词却是清清楚楚的语体）：……

　　上面的话，并没有丝毫失之矜夸。生豪兄确是一个埋头苦干而工作极认真的人。现在我对着这一部巨帙，闭上我的眼睛，一个文质彬彬的青年书生的影像，还显现在我的眼前：瘦长的个子，白皙的面容，温和沉默的模样，难得说一两句话儿，紧接说话以后，总是一阵脸红，他有着极度内

---

① 小青（宋清如）：《委曲——二周年祭生豪》，《文艺春秋》1946年第3卷第6期。

向的性情，不是名士而是典型的诗人。他工作和读书的时候，寄予全副精力，往往废寝忘食。社交和名利跟这位淡泊的诗人是无缘的。

……我还是记得生豪兄和他的莎翁全集，顺便向书局主持人问起，谁知道相距非遥，生豪兄并没有西行，却隐居在故乡嘉兴，继续翻译，笔耕聊作稻粱谋，跟我的情形相似！老实说是一样的可怜！我兴奋得很，回到家里，马上写了封信寄嘉兴。不多几天，回信来了，一张绿格的原稿纸上，像并不是我熟悉的笔迹。信上说起他结婚后遄返故里，杜门译述，生活日昂，稿费不足糊口，复以染肺疾，现在疗养中。……世乱年荒，一个贫病交迫的忠厚文人，除了让辛苦的工作和结核菌磨折自己以外，还谈得到疗养两个字吗？这复信想来是他太太写的。我们并没有再度通信，那时我也沦于饥饿的边缘，为了使妻儿免于做饿殍，我弄得身心交瘁，忘了一切，只有书局主持人无意中告诉我，莎翁全集快译完了，等生豪健康恢复，所剩者已是不多几本。

遗嘱胞弟　续成全稿

胜利来临，天是亮了，大家松了一口气。我重来上海，碰到詹文浒先生。提起生豪兄，他悲怆地说，生豪已于卅三年冬在嘉兴病故了，他也是到上海后才从书局方面知道的。这个噩耗使我震惊了好久。……这三厚册的莎翁全集，终于由书局出版了（第四辑史剧还在译述中）。对于目前奄奄垂毙的文化界，是一个可喜的消息，但是想到这是一位忠实努力的文人，积十年而成的心血结晶，而他自己未及见其出版，毋宁说是极可悲的事情，贫病对于中国文化工作者好像是命定的。如今我看到全集，追念生豪兄，想到自己那时的情形，真不知涕泪之何从！

……他不单是一位忠实的文化工作者，简直是充满殉道者的精神了。

7月7日　世界书局的工作人员朱联保告诉宋清如已开始办理全集的推销工作，并寄来一份初版特价发行的宣传广告及版税契约和版税凭摺。这份宣传广告为八开纸，右上角有个莎士比亚头像。广告称"原著光芒万丈，世界文学瑰宝，译文优美流利，保持原作神韵"，还特别宣称"校对极精细，堪信无错字"。

12月　宋清如在嘉兴西丽桥畔为朱生豪举行了寂寞的葬礼，秀州同学卜延庆书写墓碑。

1948年（民国三十七年）

年初　朱生豪未译完的五个半剧本，其弟朱文振按照遗愿，积极着手进行，已译好两部。但译文按他一贯主张的元曲体译，风格体例与朱生豪的译文相差太大，宋清如感到难以接受，准备自行动手翻译。

4月14日　朱文振（时任广西大学教职）写信给宋清如谈到：

大嫂赐鉴关于续译莎剧体式异同一事最近弟妇来信中曾有提及唯以未获 手示证实故迄无上书兹接八日 赐函藉悉种种事既如此已译二部自唯暂为搁弃……似闻。嫂有意亲毕译事至佳 森兄所遗亨利五世一幕又一场有半译稿另附寄上以备参阅弟本期……闲暇仍是绝少年底年初三两月间一时兴致赶译目力已受影响晚间工作尤易致于不眠故若云重译实难乐观纵可循式继续暑假前恐亦最多再成一部（亨利六世［中］）也天下惶惶人心不定此间乡鄙而官气过甚福利毫无人才不类何去何从至为彷徨……[1]

4月末　朱生豪译的《莎士比亚戏剧全集》出版后，由詹文浒推荐，中央文化运动委员会决定发给奖状"以示表彰而慰魂魄"。宋清如收到中央文化运动委员会主任委员张道藩来信及奖金六千万国币：

径启者倾阅世界书局出版
尊夫子生豪先生所译莎士比亚全集辉煌巨籍照耀词林文采斐然妙传剧艺尚见多文之富至徵用力之勤虽一篑之未终信千秋之不朽况于沪市沦陷之际尤能秉笔诛伐为国懋绩言念风徽具知忠爱何意玉折兰摧倏归冥漠兹览遗籍辄

---

① 朱尚刚：《诗侣莎魂——我的父母朱生豪、宋清如》，北京：商务印书馆，2016年，第275页。

增恸叹霜凋电碎忍闻贤妇之哀境苦胤单弥念遗孤之幼是用特予奖状以示表

彰伟矜士林而慰魂魄附奉奖金国币六千万元聊济教育藐孤之需尚希

察纳示复为荷之致

朱宋清如夫人

附奖状一件及国币六千万元

中央文化运动委员会主任委员张道藩

中华民国卅七年四月廿七日①

后，宋清如给詹文浒致函一封以表达谢意。原信底稿如下：

文浒先生大鉴　赐函拜悉六千万元划条亦经向公益社洽领既荷　推扬又劳措置盛德高谊惠及存亡感戴之忱匪言可宣兹谨附奉致中央文化运动委员会复函一纸恩为加封转达关于莎剧未竟部分夫弟文振原着手续译已成两部唯笔调语气相差过远且彼所采为元曲方式（以为莎剧非现代剧故不宜径译为话剧式）颇有不僧不俗之病清如既闵先夫之大业未就复痛莎剧之全功难遂拟下学期小儿入学之后抽取课余勉力迻译成功与否尚未可私望早睹厥成庶可告慰地下耳②

1949年

▲ 5月，嘉兴解放。

4月　世界书局版《莎士比亚戏剧全集》第一至三辑第二次印刷。

---

①　朱尚刚：《诗侣莎魂——我的父母朱生豪、宋清如》，北京：商务印书馆，2016年，第278页。

②　朱尚刚：《诗侣莎魂——我的父母朱生豪、宋清如》，北京：商务印书馆，2016年，第279页。

1950年

2月 世界书局停业。^①

1952年

2月 宋清如携子朱尚刚去上海开明书局商量出版莎剧译本一事。

本年 友彭重熙写下《金缕曲》悼念友朱生豪。^②

1953年

上半年 宋清如给人民文学出版社写信咨询出版朱生豪译作《莎士比亚戏剧全集》一事，收到人民文学出版社社长冯雪峰亲笔回信，大意是非常愿意出

---

① 据朱尚刚回忆：世界书局停业以后，父亲原来跟书局订的译莎合同以及母亲和书局签的版税契约都已停止执行。世界书局总管理处寄来的《著作人保留著作权各书稿一般的处理办法》中规定："凡著作物内容适合需要，不违反时代精神，著作人得委托敝局介绍至其他可靠书店继续出版，但需著作人先以书面向敝局表示，俟敝局接洽有结果时再行函告。"他说："新中国成立初（大约在1952年）有次寒假结束时，母亲曾带我去过一次上海，是到一家出版社去商量出版莎剧译本的事。后来朱联保在信中讲起曾向开明书局介绍出版莎剧全集，估计我们去的就是开明书局了。但不知什么原因，这次联系没有成功。联系回来后母亲有点失望，但还是想继续到其他出版社联系。后来她又写信给北京的人民文学出版社，想试试他们是否愿意出这部书。"

② 1952年，彭重熙惊悉朱生豪已于1944年冬去世后，怀着沉重的心情写下这首悼词，1982年彭重熙将此词抄寄宋清如。

版朱生豪的《莎士比亚戏剧全集》。宋清如写信告知当时在哈尔滨外国语专科学校进修俄语的朱文振，朱文振在回信中提出"如果可能，这两三年内做一些使译本更完善的准备工作"及"仔细校阅修订"的想法。

9月20日　人民文学出版社社长冯雪峰的回信：

宋清如同志：

　　信及莎氏译稿原稿五册都收到。原译稿，我们会好好保存，将来挂号寄回给你保存纪念。我们准备把朱生豪先生所译的全部都重印出版，让我们先在编辑部研究讨论一下，其中译语和编辑上的问题，不久即可由出版社写详细的信给你，和你商量决定，请你稍为等一等。

　　此致

敬礼

冯雪峰

九月二十日①

11月27日　宋清如给人民文学出版社去信，对《〈莎士比亚戏剧集〉编辑整理计划》提出自己的意见。

12月3日　人民文学出版社总编室给宋清如来信：

清如先生：

　　十一月九日曾上一函，并附寄《〈莎士比亚戏剧集〉编辑整理计划》一份，谅早收到。迄未得复，至念。又所需译者照片及事略，希早日寄下为感。该戏剧集第一本（包括三个剧本：《仲夏夜之梦》《威尼斯商人》《无事烦恼》）业已发排，专此奉闻。盼复。

　　此致

敬礼

（公章）一九五三年十二月三日②

---

① 朱尚刚：《诗侣莎魂——我的父母朱生豪、宋清如》，北京：商务印书馆，2016年，第299页。
② 宋清如11月27日所寄信件人民文学出版社在发出这封信之后才收到，于是又于12月7日回信一封。见朱尚刚：《诗侣莎魂——我的父母朱生豪、宋清如》，北京：商务印书馆，2016年，第301页。

12月7日 人民文学出版社给宋清如来信：

清如先生：

　　本月二日曾寄一函，谅已达阅。三日接获十一月廿七日来函，兹复如下：来信意见，我们在编辑工作中，当尽量参照。现为争取早日出书，避免往返磋商耽误时日，以后拟将每册二校校样寄你一阅。卷首不拟另作序文及论莎剧文字，因一家之见，恐难全面；而介绍文字，可以在出书后组织发表于报刊、杂志。书中将仅作版本、记事交代性质的《出版说明》，如我社已出的《水浒》《三国演义》等书体例。《译者事略》一文，请早日执笔，以便列入第一册书内，内容方面亦望作客观记述，最好不涉及私人感情。以上意见，希能获得同意。

　　又我社出版物稿酬新办法正在拟订中，如需款，可先预支一部分，待新办法拟出后，再行酌定。

　　专复顺致

敬礼

　　　　　　　　　　　　　　　（公章）一九五三年十二月七日 ①

1954年

　　3月至8月 朱生豪译《莎士比亚戏剧集》三十一种由冯雪峰主持的人民文学出版社以作家出版社的名称出版，共计一百八十万字。宋清如将出版社汇来的稿酬约两亿元（旧币）退回出版社，但出版社拒收，最后她用这笔钱购买公债一亿两千万元，捐赠嘉兴市政府五千万元，用以文化事业。嘉兴市政府用这笔捐款给嘉兴图书馆置办书刊并建设嘉兴市有线广播网，另又向朱生豪母校秀州中学捐款一千万元，添购图书。

---

① 朱尚刚：《诗侣莎魂——我的父母朱生豪、宋清如》，北京：商务印书馆2016年版，第302页。

1955年

夏　宋清如带着12岁的儿子朱尚刚去成都四川大学朱文振处，以便利用川大图书馆的馆藏参考资料翻译朱生豪未及译完的五个半莎剧。

此时人民文学出版社已组织杨周翰、方重、方平等人补译朱生豪未译完的六个历史剧，以及莎士比亚的全部诗歌，并对朱生豪的译作进行全面校订，计划于1964年出版完整的《莎士比亚全集》，后因故耽搁。

1956年

秋　宋清如携子返回杭州，在工作之余继续补译整理。翻译朱生豪未及译完的五个半莎剧的全部工作历时三年，到1958年完成，达成了朱生豪的遗愿。[①]

1957年

本年　台湾世界书局出版朱生豪、虞尔昌[②]译的《莎士比亚全集》。原1947

[①] 宋清如带儿子从杭州去成都之时，成都还未通火车，去时历时九天，回时则用了二十一天，一路辗转，历尽艰辛。在朱文振的帮助下，宋清如用一年的时间完成了《亨利八世》的翻译，又用一年的时间整理、校勘和修订。遗憾的是，这时人民文学出版社已请方平、章益、杨周翰等译出了宋清如所译的内容，她的译稿就无法采用了。

[②] 虞尔昌（1904—1984），海宁丰士人，1926年毕业于之江大学，1947年赴台湾大学任教，以十年心血将朱生豪未译完的莎士比亚历史剧全部补译，1984年在台湾去世。

年版未收入的十个历史剧由台湾大学虞尔昌教授补译完成。

1966年

本年　人民文学出版社的莎士比亚译著出版计划停顿，朱生豪部分信件和文稿以及宋清如的译稿全部被毁。

1978年

本年　人民文学出版社对朱生豪所译的三十一个剧本进行校订，并把补译的六个历史剧和莎氏诗歌译作全部出齐。① 《莎士比亚全集》中译本终于与广大读者见面，成为我国第一部外国作家的全集。

1981年

11月　宋清如写下悼念朱生豪去世三十七周年的诗歌《伤逝》(五章)：

---

① 人民文学出版社曾组织国内对莎剧有研究的翻译家杨周翰、吴兴华、方重、方平等人对朱生豪旧译《莎士比亚戏剧集》校订增补，重排出版；方平重译了《亨利五世》，方重重译了《理查三世》，章益新译了《亨利六世》(上、中、下三篇)，杨周翰新译了《亨利八世》，使这套书合成全璧。全书共分为十卷，包括三十七个剧本，按牛津版《莎士比亚著作全集》的次序排列。此外，人民文学出版社还编辑了一卷莎士比亚诗集，其中包括张谷若译的《维纳斯与阿都尼》、杨德彰译的《鲁克丽斯受辱记》、梁宗岱译的《十四行诗》(一百五十四首)及黄雨石译的《情女怨》《爱情的礼赞》《乐曲杂咏》《凤凰和斑鸠》等四首杂诗，作为《莎士比亚全集》的第十一册。

我遵从你的预嘱①，

亲自为你写上墓铭：

"这里安眠着一个

孤独而又古怪的孩子"——

深深地刻在我的心上。

......

本年　弟朱文振写下《朱生豪译莎侧记》：

　　……他开始在世界书局以业余力量从事译莎（1935春）时，我还在大二。那些年月里，日本帝国主义欺侮中国人民气焰嚣张，而恰好讥笑中国文化落后到连莎氏全集都没有译本的又正是日本人，因而我认为他决心译莎，除了个人兴趣等其它原因之外，在日本帝国主义肆意欺凌中国的压力之下为中华民族争一口气，大概也是主要的动力。

　　可能在1936年夏天我暑假回家，他也请假几天回嘉兴，那次他当面同我谈到译莎工作。那时我刚刚在大三修习了"莎士比亚"课程，只是初步精读了六部重要的莎剧（外加指定自学两部），对译莎问题并未作过具体思考，所以那一次我也只是模糊地提到了译文如何体现原作的"非现代"特点的问题，也没有作过多少深入的讨论。那年冬天大概也见过面，但不记得就此问题作过什么谈论。待到次年夏天暑假期间，我正在毕业后一下子找不到工作，"憋在家里等机会"（抗日战争已爆发，江浙一带距本乡近中的地区根本不可能去工作了），他回老家几天，也就未谈及译莎工作。

　　那年（1937）秋天我总算得到一个机会远"戍"贵阳。在途经长沙时，8·13炮响；到达贵阳不久后嘉兴也沦陷了，一时就断绝了华东与内地的通信。到我1939年春季转移到重庆母校（前"中央大学"）之后，什么时候总算恢复了邮件往来，我才知道他8·13之役中只身逃离上海住所，四年来好不容易积累起来的莎剧版本和有关书籍几乎完全失去，而在上海局势暂较

---

　　①　朱生豪1935年夏曾在给宋清如的信中这样写道："要是我死了，好友，请你亲手替我写一墓铭，不要写在什么碑版上，请写在你的心上，这里安眠着一个古怪的孤独的孩子，你肯吗？"

平静之后，他又由嘉兴回沪到书局勉强维持工作；到1939年冬又转去当时《中美日报》任编辑，通过写短评等环节在"孤岛"上尽力伸张民族正义，讨伐汪伪，鼓舞抗日斗志。同时，他仍抓紧业余机会，重新收集有关莎剧的书籍资料，坚持翻译莎剧，随时交稿以取得当时还能得到的那一点稿费，借以度日糊口。

1941年12月8日凌晨，日军偷袭珍珠港的同时，进占上海"租界"构成的"孤岛"，荷枪实弹的日本兵冲进报馆，他第二次积累起来的稍具规模的莎剧资料，连同他多年心血结晶的一些写作和译稿，以及全部生活用品，又都在报馆被毁时成为殉葬品，不得已暂时在上海住处失业家居。第二年（1942）春，在几位大学时期师友的资助下，他同大学时期的同学宋清如女士结了婚。当时有一家本乡亲戚随同一起，生活需要维持；为了节约开支，到1943年初就全家回到了敌伪控制下的嘉兴老家，他闭户不出，摒绝一切杂务，埋头译书。

那阶段中，重庆与华东先是断绝邮件往来的，后来又恢复了不长的一段时间；但是到了大约1944年下半年，日军迅速从华中进入中南，其后又很快直迫桂黔两省，于是"后方"同华东的邮电又断绝了。就在这年夏天，我在重庆郊区中大分校吐血躺倒；躺倒前或后不久我接到他从嘉兴来的信……

到1945年秋日本投降后约一二个月或二三个月，邮电往来恢复了，我才收到嫂嫂在他逝世不久后1945年春季寄来的信，从而得知他的噩耗——而且得知，在他死后不久，小我一岁半的弟弟也在贫病交困中死了。回顾自己，也恰在同一年吐了血！震动啊，外国侵略战争的灾难！

朱生豪的莎剧译本的水平、质量，文艺界、广大读者自有公论。解放后两次受到有关部门的重视而得到一再整理出版，这是很可告慰的。就我个人来说，成为憾事的是我没有能像他临终时所指望的那样续完他未能译出的几部史剧。……①

---

① 吴洁敏、朱宏达：《朱生豪传》，上海：上海外语教育出版社，1989年，第288—290页。

1983年

7月至8月 《翻译通讯》第七、八两期发表翻译家罗新璋的论文《我国自成体系的翻译理论》，此文为新时期对朱生豪的翻译从理论高度进行评价的最早论述。后罗新璋将发表的论文寄给宋清如，并附信写下肺腑之言："寄上拙稿一卷，请指正。不才也是千千万万朱生豪译本忠实读者之一……世界书局版上的《译者自序》和《译者介绍》，我以前都恭录了一份。我总觉得评论界对朱先生的译笔没有给与足够的评价，可惜我不专攻英国文学。仅在拙文中引朱先生一段自序，表示不胜敬意。……我每次读《译者介绍》，都深为感动！跟这样有才能的人生活在一起应该是很幸福的，可惜朱先生过世太早了！这就是人生！"①

1984年

本年 台湾大学莎学专家虞尔昌委托儿子虞润身（同济大学测量系教授）寻找朱生豪的家人，他在写给虞润身的信中说："朱氏虽属年轻一代，而所译信、达、雅三者都已做到，到目前为止，尚未有能出其左者。朱氏中学，系在嘉兴秀州中学读完，其夫人名清如，战后曾在秀中任教，但我不详其姓氏，他们有一个孩子，现在应已年近四十。如遇之大校友，可为我打听有关朱生豪身后的消息。他为工作而身殉，不声不响撒手归去。他的译作在书店为人挣钱，在国内外图书馆助人研读，大家都还不知道朱生豪到底是何许人？"他还在信中说："……生豪的文章，十倍于我，不幸早逝，为我国文坛一大损失。生豪对介绍一位西方最伟大作家和诗人所作的贡献，诚属不朽！人生之价值，不在其

---

① 朱尚刚：《诗侣莎魂——我的父母朱生豪、宋清如》，北京：商务印书馆，2016年，第356页。

年寿之长短，而在其对人类社会所作之贡献……"①

后经同济大学同事帮忙，虞润身联系到宋清如，在嘉兴会面。宋清如转赠与朱生豪的结婚照一张及新版的《莎士比亚戏剧全集》，虞尔昌在给儿子虞润身的信中写下："你告诉我有关生豪的资料，十分可贵，承朱夫人惠赠生豪的照片，更为珍贵。我拟为文详叙生豪身世及身后情形，在报章杂志发表。……生豪如无夫人之共患难，受尽千辛万苦，何能发挥其才华而有此成就？想到此，读者在欣赏生豪所译莎剧之同时，亦应对朱夫人表示敬意、谢意也。"②

1985年

11月　宋清如写下《悼生豪》：

> 少抱凌云志，长无利禄心；渊明诚所爱，终觉屈原亲。
> 风高识劲木，多难见忠贞；笔锋诛敌伪，浩气凛然存。
> 未知生有乐，岂怨死可悲，却怜莎翁剧，译笔竟功亏。
> 但求生有用，遑计身后名，南湖风月夜，魂兮且长吟。③

1987年

11月17日　宋清如将朱生豪全部译莎手稿捐赠给嘉兴市政府，交由嘉兴市

① 朱尚刚：《诗侣莎魂——我的父母朱生豪、宋清如》，北京：商务印书馆，2016年，第364页。
② 朱尚刚：《诗侣莎魂——我的父母朱生豪、宋清如》，北京：商务印书馆，2016年，第364—365页。
③ 吴洁敏、朱宏达：《朱生豪传》，上海：上海外语教育出版社，1989年，第一章前。

图书馆保存。

1988年

10月初　宋清如重访之江大学旧址后，写下《回忆朱生豪》。文中写道：
"曾经有人问过我，朱生豪翻译莎剧的动机是什么。根据我的认识水平来说，首
先是由于他对莎士比亚戏剧的热爱，对祖国、对人民的热爱。他在中学、大学
阶段就接触过莎剧，又从不断欣赏艺术表演中，加深了对戏剧的热爱。他在自
序中就说：'余笃嗜莎剧，前后研读全集十余遍，自觉颇有会心。'也可以说是
莎翁艺术的魅力征服了他，使他甘愿为之竭尽全力奔走效劳。而且，他也认为
这一精湛的艺术瑰宝是属于全人类的，应该使祖国广大的读者和观众，都能直
接地阅读、欣赏、享受。正是这一动机激励着他，才使他在战乱中，在困境中，
在疾病的折磨中，始终埋头伏案，艰苦工作。而且为了对作者负责，对读者负
责，对观众负责，他始终一丝不苟，精益求精。……"①

1989年

2月　宋清如写《朱生豪与莎士比亚戏剧》，于《新文学史料》第1期发表。
原文系《朱生豪的生平及其翻译〈莎士比亚戏剧〉的过程》，是宋清如综合已有
回忆材料后写下的最为全面完整的一篇，但由于篇幅所限和突出"译莎"的重
点，被删去过半内容。后原文全部收入朱尚刚整理的《伉俪——朱生豪宋清如
诗文选》一书。

---

①　宋清如：《回忆朱生豪》，《江南》1989年第1期。

宋清如在《朱生豪的生平及其翻译〈莎士比亚戏剧〉的过程》一文的最后写下："生豪的一生是短促的。他朴实、真诚，爱憎分明，疾恶如仇。在生活上，他拙于应付，不善活动，无疑地是个弱者；在事业上，他认定方向，敢于攻坚，勇于攀登，不愧是个强者。他的一生，是痛苦的，也是幸福的：是伟大诗人莎翁的魅力，使他排除了无聊，使他忘怀了世俗的桎梏，只有埋头在工作中，才感到多少恢复了一点自尊心。我们在读到他的遗译的时候，可以想见他苦思力索的艰苦，也可以领会他恍然有得的欣喜心情。纵使他的译作，还存在着这样那样的缺陷，但那不是他故意偷懒，而只是力不从心罢了。"①

3月1日 宋清如写《"怪人"朱生豪》："但是，必须指出在他生活和思想的矛盾中，主要的一面，是积极的，前进的，而不是消极的，厌世的，后退的。他向往光明，向往自由，对于当时中外法西斯的抬头，感到痛心疾首。对于繁文缛节、陈腐礼教、虚伪客套，感到难于忍受，真想摆脱桎梏，飞出小的牢笼。他热爱生活，热爱美，认为音乐是最高级的语言，能够表达深微的衷曲；每读到一篇动人的诗歌，就会心驰神往；看到像嘉宝那样高超艺术的演出，总认为是无上的享受。他珍视真诚的友谊，觉得只有在深切理解自己的人面前，才能毫无拘束，敞开心扉。他寄希望于未来，相信总有一天，生活不复是难堪的苦役。他承认自己十分弱，但有求强的意志；他也承认自己是一个自由主义者，一个趣味主义者。这些说法和想法，陆续散见在他的信札里。正是这积极的一面起着主要作用，推动着他不断地思索追求，企求实现自己的愿望。"②

8月 由吴洁敏、朱宏达撰写的《朱生豪传》正式出版，黄源③为其写序。

12月 为纪念朱生豪逝世四十五周年，上海翻译家协会会长草婴与莎学界专家方平率众人专程来嘉兴看望宋清如，赠送"译界楷模"匾额。

---

① 朱生豪、宋清如：《伉俪——朱生豪宋清如诗文选》，朱尚刚整理，北京：中国青年出版社，2013年，第116页。

② 发表于《江南》1989年第3期，此文系杭州《江南》杂志主编张盛裕约稿，宋清如选取朱生豪信件中最有代表性的一封（1935年8月26日朱生豪去常熟乡下看望宋清如，返回上海后写的七千余字长信）进行评介而写成的。

③ 黄源（1905—2003），浙江海盐人，文学家、翻译家，与朱生豪是秀州中学校友。宋清如于1988年介绍吴洁敏、朱宏达请黄源为《朱生豪传》写序。

1992年

1月　宋清如写下《残简情证——重读朱生豪信两封》："总之，盖棺定论，他留给我的总的印象是一个质朴的人，待人坦率诚恳，工作认真负责。他曾经给自己拟写的墓志铭是'一个孤独的古怪的孩子'，也许这是他超然自得，与世无争，不能随俗也不甘随俗的自我表白。现在时过境迁，历历往事，只能在他留存的残简中取证了。"①

2月下旬　嘉兴市电视台根据《朱生豪传》改编成的电视剧开拍，剧中老年宋清如由她本人出演。该剧播出后获强烈反响，《人民日报》《中国文化报》《文汇报》《光明日报》《文艺报》《新民晚报》《钱江晚报》《嘉兴日报》等都纷纷报道。8月，电视剧《朱生豪》获"全国电视剧飞天奖"提名荣誉奖，宋清如获演出荣誉奖。

4月18日　中国莎士比亚研究会在上海举行纪念朱生豪诞辰八十周年学术研讨会。中国莎士比亚研究会会长曹禺题词："正义凛然，贡献巨大。"

11月　宋清如写下《忆生豪》。

1993年

秋　朱生豪弟朱文振在四川去世，终年79岁。

---

① 发表于1992年嘉兴作协创办的《烟雨楼》第2期。

1994年

12月　朱生豪逝世五十周年之际，宋清如为她整理的《寄在信封里的灵魂——朱生豪书信集》撰写序言："人生如梦，往事如烟，时日闪忽。朱生豪（1912—1944）离开人世，已经有五十年了。他短短的一生，是在长夜漫漫的黑暗中挣扎呻吟的一生，是勤奋学习、艰苦工作、渴望光明的一生。家庭的不幸、民族的灾难、疾病的折磨，使他不得不放下译写的纸笔，抛下弱妻稚子，饮恨长终。今天，再一次检阅他残留的信件，真不敢相信这一切不是梦幻，而是真实的历史。……我从厚厚的尘封中收捡起残留的劫后余烬，无数次地重温生豪的倾诉，与他作心灵的交谈。虽然这些书信远非他的全貌，但毕竟是真实的历史存在。也许有人说，男女（父母子女间之外）之间的书信，都是情书。从广义上来说，似也合乎逻辑。但就事论事，朱生豪的书信，主要是他独特个性的表现，并非执着于异性的追求。……其后虽然历经磨难，可对译莎工作锲而不舍，尽心竭力，宁以身殉。"[①]

1997年

1月3日　朱生豪大学时代友人彭重熙在给宋清如的信中谈到："昔夏师曾以东坡比生豪，二人时代不同，修短异数，其发挥于辞章，自不可同日而语。若论其天赋，则如精金美玉，谓美玉愈于精金可，谓精金愈于美玉，亦无不可也。今生豪已如晨星之早逝，其译作则如北斗之长存，垂名不朽，当之无愧！

---

① 朱生豪：《寄在信封里的灵魂——朱生豪书信集》，宋清如编，北京：东方出版社，1995年版，序言第1、4、5页。

昔东坡自语其前身为渊明，其后身将为何人，则姑密而未宣。'枝上柳绵吹又少，天涯何处无芳草'，东坡之句也，生豪取此为词撷之名，当非偶然。生豪于水果中酷嗜荔枝，东坡有'日啖荔枝三百颗，不辞长作岭南人'之句。二人对荔枝，信有同嗜，我疑生豪前身，即是东坡。疑其非不如信其是，质之清如，当不以我言全是无根之语也。"①

2月25日 宋清如致信彭重熙："最近本市秀州书局（系市图书馆所办）负责人便中来舍间查阅生豪所选《唐宋大家词四百首》以及《芳草词撷》，拟代付印。所谓《唐宋大家词选》婚后曾由我用毛笔抄写成册，生豪有一专论，阐述词学渊源，以及历代风格之流变。该文早已佚失，无从查考。窃谓此文之于《词选》，犹如骨肉相附，不可或分，且亦未加注释，当即婉辞谢绝。至于《芳草词撷》，彼意作为文物刊印，以免湮没。惟窃思此卷系君所转赠，未便擅自作主。用特专函奉告，至希提出意见。若蒙同意付印，请即撰写序言，以便读者探究。"②

4月3日 彭重熙给朱生豪的《芳草词撷》再度写下如下文字：

> 生豪于六十年前自沪来杭，重会于秦望山头，慨然以此卷贻我，弥见相知之深。所录词具见当年唱酬之乐，雨窗风夕，展咏之足以自遣。余一九四八年入蜀时藏于吴门，"文革"中旧籍尽失，此卷亦不测所在。七八年返里，意外得之，其喜可知。八三年再次东返，访晤清如于嘉兴，问询生豪遗墨，痛惜《古梦》、《丁香》诸集，均已毁于兵燹，因于八四年将此册录存后还赠清如。今嘉兴书局范晓华君为保存生豪手泽，将此册影印，弥见珍护文物之热忱。生豪译作莎氏全集外，已出版有《朱生豪传》及其书信集《寄在信封里的灵魂》，可具见其短短一生中的思想境界。此册是其手泽，自更为珍贵。昔贤陈亦峰手录唐五代宋元明清词二千三百六十首，辑为《词则》二十四卷，上有眉批，旁有圈识，一九八四年上海古籍出版社列入稿本丛刊中发行，生豪自不及见。而评点圈识，与彼同一机杼，足证今古才人，具有同识，现公诸同好，非敢以少许胜也。

---

① 见彭重熙1997年1月3日致宋清如的信，原件现存于朱尚刚处。
② 见宋清如1997年2月25日致彭重熙信，原件现存于朱尚刚处。

146

词撷所录词八人，均当年之江学友。生豪、张荃、天然、任三、夜子均已逝世，希曼存亡未卜，今尚视息人间者仅清如与余二人，咏生豪"且莫愁芳草难留，总到处黄花堪住"之句，能不怆然涕下！

一九九七年彭重熙记①

6月27日 宋清如在嘉兴去世，享年86岁。

1998年

4月10日 朱生豪、宋清如合葬仪式在嘉兴泰石公墓举行。墓碑上镌刻着朱生豪生前手迹："要是我们两人一同在雨声里做梦，那境界是如何不同，或者一同在雨声里失眠，那也是何等有味。"

2007年

11月21日 位于嘉兴市西南湖旁的朱生豪故居修复后对社会开放，嘉兴本土雕塑家陆乐的作品"诗侣莎魂"铜像屹立在故居前。

---

① 朱生豪、宋清如：《伉俪——朱生豪宋清如诗文选》，朱尚刚整理，北京：中国青年出版社，2013年，第209页。

2012年

10月　嘉兴市政府举办朱生豪百年诞辰纪念活动，由嘉兴市图书馆主持，国家图书馆出版社出版的影印本《朱生豪译莎士比亚戏剧手稿》同时发行。

参考文献

一、著作

队克勋:《之江大学》,刘家峰译,珠海:珠海出版社,1999年。

方华文:《20世纪中国翻译史》,西安:西北大学出版社,2005年。

方梦之、庄智象:《中国翻译家研究 民国卷》,上海:上海外语教育出版社,2017年。

嘉兴市文物保护所:《译界楷模 高山仰止——朱生豪百年诞辰纪念文集》,杭州:浙江古籍出版社,2013年。

嘉兴市政协文史资料委员会编:《嘉兴文杰》(第一集),北京:当代中国出版社,2005年。

廖盖隆、罗竹风、范源:《中国人名大词典·历史人物卷》,上海:上海辞书出版社,1990年。

罗新璋:《翻译论集》,北京:商务印书馆,1984年。

孟昭毅、李载道:《中国翻译文学史》,北京:北京大学出版社,2005年。

钱仲联等:《中国文学大词典》,上海:上海辞书出版社,1997年。

莎士比亚:《莎士比亚全集》(十一册),朱生豪等译,北京:人民文学出版社,1978年。

莎士比亚:《莎士比亚全集》(八卷),朱生豪等译,北京:人民文学出版社,2010年。

莎士比亚:《莎士比亚全集》(全八册),朱生豪等译,南京:译林出版社,1998年。

莎士比亚:《莎士比亚全集》(全十一册),朱生豪等译,北京:人民文学出版社,2014年。

莎士比亚：《莎士比亚全集》（四卷），朱生豪、陈才宇译，杭州：浙江工商大学出版社，2015年。

莎士比亚：《莎士比亚戏剧集》（十二卷），朱生豪译，北京：作家出版社，1954年。

莎士比亚：《莎士比亚戏剧全集》（三辑），朱生豪译，上海：世界书局，1947年。

莎士比亚：《莎士比亚戏剧朱生豪原译本全集》（三十一部），朱生豪译，北京：中国青年出版社，2014年。

上海书店出版社：《民国上海年鉴汇编》（二十册），上海：上海书店出版社，2013年。

苏福忠：《译事余墨》，北京：生活·读书·新知三联书店，2006年。

王秉钦：《20世纪中国翻译思想史》，天津：南开大学出版社，2004年。

吴笛：《浙籍作家翻译艺术研究》，杭州：浙江大学出版社，2009年。

吴洁敏、朱宏达：《朱生豪传》，上海：上海外语教育出版社，1989年。

夏承焘：《天风阁学词日记》，杭州：浙江古籍出版社，1984年。

张经浩、陈可培：《名家 名论 名译》，上海：复旦大学出版社，2005年。

浙江省嘉兴市秀州中学百年校庆筹备委员会：《秀州人物》（第2辑 人物），嘉兴：嘉兴市秀州中学，2000年。

中国外国文学学会：《走近经典：中国外国文学学会第九届年会论文集》，北京：外语教学与研究出版社，2009年。

朱联保：《近现代上海出版业印象记》，上海：学林出版社，1993年。

朱尚刚：《诗侣莎魂——我的父母朱生豪、宋清如》，北京：商务印书馆，2016年。

朱尚刚：《谈朱生豪》（打印本），嘉兴：嘉兴三人丛书工作室，2004年。

朱尚刚：《朱生豪在上海》，上海：上海书店出版社，2019年。

朱生豪、宋清如：《伉俪——朱生豪宋清如诗文选》，朱尚刚整理，北京：中国青年出版社，2013年。

朱生豪、宋清如：《秋风和萧萧叶的歌》，北京：人民文学出版社，2003年。

朱生豪、宋清如：《朱生豪情书全集》（手稿珍藏本）（上、下），朱尚刚整理，北京：中国青年出版社，2013年。

朱生豪：《寄在信封里的灵魂——朱生豪书信集》，宋清如编，北京：东方出版社，1995年。

朱生豪：《朱生豪"小言"集》，范泉编选，北京：人民文学出版社，2000年。

朱生豪：《朱生豪小言集》，朱尚刚编注，北京：商务印书馆，2016年。

朱生豪：《朱生豪情书》，朱尚刚整理，上海：上海社会科学院出版社，2003年。

朱生豪：《朱生豪译莎士比亚戏剧手稿》（全十册），北京：国家图书馆出版社，2012年。

二、论文

方平：《朱生豪并未误译》，《中国翻译》1994年第6期。

冯颖钦：《朱生豪译学遗产三题》，《外国语》1991年第5期。

桂杨清：《浅谈翻译的忠实性——学习朱生豪译〈哈姆莱特〉》，《中国翻译》1985年第6期。

贺爱军：《朱生豪的译事活动与译学见解》，《宁波大学学报（人文科学版）》2008年第3期。

李伟民：《论朱生豪的诗词创作与翻译莎士比亚戏剧之关系》，《华南农业大学学报（社会科学版）》2009年第1期。

宋清如：《关于朱生豪译述〈莎士比亚戏剧全集〉的回顾》，《社会科学》1983年第1期。

宋清如：《朱生豪与莎士比亚戏剧》，《新文学史料》1989年第1期。

苏福忠：《说说朱生豪的翻译》，《读书》2004年第5期。

吴洁敏、朱宏达：《朱生豪和莎士比亚》，《外国文学研究》1986年第2期。

袁锦翔：《神情毕肖 文辞典雅——朱生豪译〈汉姆莱脱〉片断赏析》，《中国翻译》1987年第2期。

朱宏达、吴洁敏：《朱生豪翻译活动大事记》，《中国翻译》1988年第6期。

朱宏达、吴洁敏：《朱生豪莎士比亚戏剧的译介思想和成就》，《嘉兴学院学报》2005年第5期。

朱宏达：《翻译家朱生豪的诗》，《杭州大学学报（哲学社会科学版）》1986年第4期。

朱宏达：《朱生豪的诗学研究和译莎实践》，《杭州大学学报（哲学社会科学版）》1993年第3期。

朱骏公：《朱译莎剧得失谈》，《中国翻译》1998年第5期。

朱尚刚：《新发现的朱生豪文学作品》，《新文学史料》2012年第1期。

附录一　莎翁年谱①

一五六四年　四月二十三日，威廉·莎士比亚生于英国瓦列克郡（Warwickshire）阿房河上之斯特拉脱镇（Stratford-on-Avon）。关于莎氏出生日期，未能十分确定，惟受洗于是年四月二十六日，则有教堂簿籍可稽，依照当时习俗，小儿于出生后三日内受洗，故诞辰可能为四月二十三日。

莎氏先世务农，父约翰，为一识字不多之手套商人，兼营畜牧农产，有住宅二所。母玛丽·亚登（Mary Arden），为乡间富农之嗣女。

是年为依利莎伯女王（Queen Elizabeth）即位后之第七年，适当"文艺复兴"以后，英国在宗教上已脱离旧教之羁绊，商业繁盛，与欧洲大陆各国来往频繁。学术文艺方面，因感染外国影响，渐露新面目，不复为上层阶级之专有品。在戏剧方面，旧日之神迹剧（miracle plays）及教训剧（morality），日趋没落，纯粹娱乐之民间戏剧逐渐发达，古典型之悲剧喜剧，亦开始为文人所仿作。

是年戏剧家克利斯多弗·马洛（Christopher Marlowe）生，至一五九三年即卒。

一五六八年　四岁。王后剧团（The Queen's Players）来镇表演，翌年复来。是年父约翰任斯特拉脱镇长。

一五七一年　七岁。入本地圣十字义务小学（The Free Grammar School of the Holy Cross）就读。

一五七三年　九岁。大文豪（诗人，散文家，戏剧家）彭·琼生（Ben Jonson）生。

一五七五年　十一岁。是年伦敦始有戏院。当时职业伶人虽有贵族及宫庭为其护符，且深得民众之欢迎，惟颇受地方官厅之压迫。戏院皆建立于城外，

---

①　本年谱乃朱生豪所编，见莎士比亚：《莎士比亚戏剧全集》（第一辑），朱生豪译，上海：世界书局，1947年，《莎翁年谱》第1—4页。

153

均以木料筑成，构造至为简陋；中央为露天之池座，不设座位，舞台即突出其间；楼座成圆环形围绕四周。无布景，亦无幕布；后台用幕布遮隔，代表密室山洞等隐藏之处；其上层为阳台，代表楼房城墙等较高之处；两旁各设一门出入。演员均为男子，女角皆以儿童扮演。另有以纯粹儿童演员为号召之私家戏院，则设于寺院之内，设备较佳，取费较贵，该项儿童均系由大教堂唱诗班中遴选而来。

一五七七年　十三岁。辍学。是时家道中落，食口众多（有弟妹四五人），故被迫辍学佐理父业。

一五七八年　十四岁。是年约翰·黎利（John Lyly, 1554?—1606）所著小说《攸阜斯》（*Euphues*）出版，其过度运用辞藻之文体，蔚为当时宫廷阶级流行之风尚。莎氏初期喜剧《爱的徒劳》即以该项文体为讽刺对象。

一五七九年　十五岁。是年汤麦斯·诺斯（Thomas North）所译帕卢塔克著之《希腊罗马伟人传》（*Plutarch's Lives*）出版，为莎氏罗马史剧所取资。

约翰·弗莱契尔（John Fletcher）生，后亦为戏剧家，一六二五年卒。

一五八二年　十八岁。娶安恩·海瑟威（Anne Hathaway），安恩为邻邑农家女，长莎氏八岁。

一五八三年　十九岁。长女苏珊娜（Susannah）生。

一五八四年　二十岁。是年剧作家弗兰西斯·波蒙（Francis Beaumont）生，后与莎氏同年卒。

一五八五年　二十一岁。孪生子汉姆纳特（Hamnet）及女裘第斯（Judith）生。

一五八六年　二十二岁。离家赴伦敦，投身戏剧界。

传说莎氏偷入汤麦斯·路西爵士（Sir Thomas Lucy）之私家苑囿却勒科特林（The Woods of Charlecote）中捕鹿事发，此为其离家之动机。自此十一年中，与家人鲜通音问。并有谓《亨利四世》及《温莎的风流娘儿们》中之夏禄法官即系影射路西爵士。然此说于事实上颇少根据。

贵族文人菲力普·锡德尼（Sir Philip Sidney，生于一五五四年）卒。

一五八七年　二十三岁。是年马洛所著悲剧《丹勃林》（*Tamburlaine*）上演。吉德（Thomas Kyd, 1558—1594），葛林（Robert Greene, 1560？—1592），

披尔（George Peele），黎利等，当时均为各戏院撰作剧本。

　　一五九○年　二十六岁。是年史宾塞（Edmund Spenser，1552—1599）寓言诗《仙后》（*The Faerie Queene*）前三卷出版。

　　一五九一年　二十七岁。是时已开始写作剧本。按莎氏最初仅在伦敦戏院中充打杂役务，其后饰无关重要之角色，演技上即崭露头角，乃渐以自编剧本问世。

　　《爱的徒劳》写成。《错误的喜剧》及《亨利六世》约于此时上演。自此以剧作家及名伶驰誉伦敦。

　　一五九二年　二十八岁。是年葛林卒（葛生于一五六○年？为讽刺剧作家及诗人），《维洛那二士》约于此时写成。

　　一五九三年　二十九岁。长诗《爱神之恋》（*Venus and Adonis*）出版。莎氏以此诗献于骚桑普敦伯爵（The Earl of Southampton），伯爵为依利莎伯女王宫庭中一青年贵族，一般推测即系其《十四行诗》（*Sonnets*）中赞美之对象。

　　《理查三世》、《约翰王》约于此年写成。

　　马洛卒。按马洛虽与莎氏同年，其写作剧本实远在莎氏之先。莎氏初期所作史剧如《理查三世》等，作风颇受马洛影响。其悲剧打破"三一律"之限制，首先运用"无韵诗"（blank verse），其主人公多为受某种情欲支配卒陷于无可避免之失败之人物，已为莎氏后期诸悲剧之前驱。

　　一五九四年　三十岁。内大臣剧团（Lord Chamberlain's Players）组成，莎氏为该团之一员。因有当时首席名伶 Richard Burbage 为其台柱，且得莎氏为之经常编剧，该团声誉鹊起。

　　是年奉女王之召，在格林尼区宫（Greenwich Palace）演剧。

　　长诗《贞女劫》（*The Rape of Lucrece*）出版，仍献与骚桑普敦伯爵。《十四行诗》之一部分约于此时写成。

　　《血海歼仇记》出版。

　　自一五九○年至此，论者均认为莎氏写作之初期，亦可称为习作时期。此期作品大多改编旧剧，其创作者亦未脱摹他人之痕迹。喜剧方面受黎利、葛林之影响，悲剧史剧则受马洛之影响。

　　一五九五年　三十一岁。《仲夏夜之梦》、《罗密欧与朱丽叶》、《理查二世》，约于此年写成。

一五九六年　三十二岁。子汉姆纳特死，始返家。

《威尼斯商人》约于此年写成。

一五九七年　三十三岁。在斯特拉脱镇购巨宅一所，名曰"新地"（New Place），为全镇房屋之冠。此后数年中在本镇及伦敦陆续购置地产一百英亩。

《罗密欧与朱丽叶》、《理查二世》、《理查三世》均出版，《驯悍记》约于是年写成。

是年文哲巨子弗朗西斯·裴根（Francis Bacon，1561—1626）之《论文集》（*Essays*）出版。按有人以为莎氏戏剧实系裴根所作，其说至为牵强，不足成立。

一五九八年　三十四岁。《亨利四世》、《温莎的风流娘儿们》约于此年写成。

琼生之喜剧《诙谐大成》（*Everyman in His Humour*）上演，莎氏参加演出。琼生在当时戏剧界中，为主张严守古典格律最力者之一，其持论与莎氏自由创造之作风相反。然莎氏死后，琼生为其全集题词，中有"君非属于某一时代，乃属于一切时代者"之语，可见其推崇之深。

一五九九年　三十五岁。寰球戏院（The Globe Theatre）落成于骚斯瓦克（Southwark）之班克赛德（Bankside），莎氏为股东兼演员。是年因父约翰申请之结果，"纹章院"特许莎氏家族世袭"纹章"（coat of arms）。

《无事烦恼》、《亨利五世》、《该撒遇弑记》，约于此年写成。

是年史宾塞卒。

一六〇〇年　三十六岁。《皆大欢喜》约于是年写成。

一六〇一年　三十七岁。《第十二夜》约于是年写成。

至此为莎氏写作之第二期，最佳喜剧均于此期产生。

当时戏剧盛行，著名剧作家除莎氏及琼生、波蒙、弗莱契尔外，为Thomas Dekker（1570？—1632），Thomas Middleton（1580—1627），John Webster（1575？—1625），George Chapman（1559？—1634），John Marston（1575？—1634）等。

一六〇二年　三十八岁。《汉姆莱脱》上演。按约在马洛发表《丹勃林》同时，吉德已用同类题材写成一剧，名曰《西班牙之悲剧》（*The Spanish Tragedy*）。

《特洛埃围城记》、《终成眷属》，约于此年写成。

一六○三年　三十九岁。新王詹姆斯一世（James Ⅰ）即位。莎氏所属剧团更名国王剧团（The King's Players）。

莎氏放弃演剧工作，惟仍继续撰写剧本。《汉姆莱脱》第一四开本出版。《量罪记》约于此年写成。

一六○四年　四十岁。《奥赛罗》上演。

一六○六年　四十二岁。《李尔王》、《麦克佩斯》约于此年写成。

是年黎利卒。

一六○七年　四十三岁。《黄金梦》约于此年写成。

一六○八年　四十四岁。《女王殉爱记》、《沉珠记》约于此年写成。

大诗人约翰·密尔敦（John Milton）生（卒于一六七四年）。

一六○九年　四十五岁。《英雄叛国记》约于此年写成。至此为莎氏写作之第三期，此期莎氏几以全力专心写作悲剧，为其艺术成就之极峰。

是年其《十四行诗》出版。按"十四行"诗体，最初借怀特（Thomas Wyatt，1503？—1542）及色累伯爵（Henry Howard，Earl of Surrey，1517—1546）二人之介绍，自意大利传入英国。依利莎伯朝诸人纷起摹仿，大率千篇一律不脱恋爱范围，其中以锡德尼及史宾塞两人所作为最称杰构。及莎氏《十四行诗》出，乃以情感之丰富热烈，意境之婉转深刻，辞采之瑰丽优美，尽掩前人。全部共一百五十四首，其前半所赞美爱慕之对象，为一年轻貌美之男性友人；其一往情深之处，令人低徊欲绝。后半则系为一"肤色黝黑之女郎"（此称为"the dark lady"）而作。词多怨愤，似莎氏曾为此女郎所玩弄而终遭遗弃者然。惟此中情事究系确实或仅属诗人骋其想象所构造，则非后人所能断言矣。

一六一○年　四十六岁。《暴风雨》上演。《还璧记》约于此年写成。加入黑教士戏院（The Blackfriar's Theatre）为股东。

一六一一年　四十七岁。自舞台退隐乡居。《冬天的故事》上演。

是年，詹姆斯王钦定本英译《圣经》（The Bible）出版。

一六一三年　四十九岁。《亨利八世》上演。至此为莎氏写作之第四期，此期作品较少，大率为悲喜杂糅之传奇剧，而以复和团圆为结束者。除《暴风雨》外，文笔远较前期为松懈而散漫。

一六一六年　四月二十三日卒于故居，适近其五十二岁生辰。临终时妻及二女均在侧，并及见一外孙女。葬于三一教堂（The Trinity Church）。

波蒙于同年逝世。又《吉诃德先生》（Don Quixote）之著者西班牙小说家塞文提斯（Miguel de Cervantes Saavedra，生于一五四七年）亦于此年逝世。

一六二三年　莎氏死后第七年，其友人约翰·赫敏（John Heming）及亨利·康德尔（Henry Condell）始将其所著戏剧汇订出版，即所谓"第一对开本"（The First Folio）是也。

附录二　莎士比亚戏剧中部分经典台词^①

　　生存还是毁灭，这是一个值得考虑的问题；默然忍受命运的暴虐的毒箭，或是挺身反抗人世的无涯的苦难，在奋斗中结束了一切，这两种行为，那一种是更勇敢的？

（《哈姆雷特》第三幕第一场）

　　不要指着月亮起誓，它是变化无常的，每个月都有盈亏圆缺；你要是指着它起誓，也许你的爱情也会像它一样无常。

（《罗密欧与朱丽叶》第二幕第二场）

　　慈悲不是出于勉强，它是像甘霖一样从天上降下尘世；它不但给幸福于受施的人，也同样给幸福于施与的人；它有超乎一切的无上威力，比皇冠更足以显出一个帝王的高贵……

（《威尼斯商人》第四幕第一场）

茴香盛开的水滩

我知道一处茴香盛开的水滩，

长满着樱草和盈盈的紫罗兰，

馥郁的金银花，芳泽的野蔷薇，

漫天张起了一幅芬芳的锦帷。

有时蒂泰妮霞在群花中酣醉，

———————
　　①　以下内容均选自朱尚刚编：《中华翻译家代表性译文库·朱生豪卷》，杭州：浙江大学出版社，2019年。

柔舞清歌低低地抚着她安睡；

蛇儿在那里蜕下光洁的皮壳，

恰恰好给小神仙做一身衣服；

我要洒一点花汁在她的眼上，

让她充满了各种可憎的幻象。

其余的你带了去在林中访寻，

一个娇好的少女见弃于情人；

倘见那薄幸的青年在她近前，

就把它轻轻地点上他的眼边。

他的身上穿着雅典人的装束，

你须仔细辨认清楚不许弄错；

小心地执行着我谆谆的吩咐，

让他无限的柔情都向她倾吐。

（《仲夏夜之梦》第二幕第一场）

相思夜夜飞

相思夜夜飞，飞绕情人侧；

身无彩凤翼，无由见颜色。

灵犀虽可通，室迩人常遐，

空有梦魂驰，漫漫怨长夜！

（《维洛那二士》第三幕第一场）

挽诗

青蝇玷玉，谗口铄金，嗟吾希罗，月落星沉！生蒙不虞之毁，死播百世之馨；惟令德之昭昭，斯虽死而犹生。

天长地久有时尽，此恨绵绵无绝期！（现在奏起音乐来，歌唱你们的挽诗吧。）

（歌）

惟兰蕙之幽姿兮，

遽一朝而摧焚；

风云怫郁其变色兮，

月姊掩脸而似嗔：

语月姊兮毋嗔，

听长歌兮当哭；

绕墓门而逡巡兮，

岂百身之可赎！

风瑟瑟兮云漫漫，

纷助予之悲叹；

安得起重泉之白骨兮，

及长夜之未旦！

（《无事烦恼》第五幕第三场）

弄人的诗
（一）

多积财，少摆阔；

耳多听，话少说；

少放款，多借债；

走路不如骑马快；

三言之中信一语，

多掷骰子少下注；

莫饮酒，莫嫖妓；

闭门不管他家事；

会打算的占便宜，

不会打算叹口气。

（《李尔王》第一幕第四场）

（二）

这年头傻瓜供过于求，

聪明人个个变了糊涂。

顶着个没有思想的头，

只会跟着人依样葫芦。

（《李尔王》第一幕第四场）

（三）

老父衣百结，

儿女不相识；

老父满囊金，

儿女尽孝心。

命运如娼妓，

贫贱遭遗弃。

（《李尔王》第二幕第四场）

众鸟嘤鸣

众鸟嘤鸣其相和兮，

临清流之潺湲，

展蔷薇之芳茵兮，

缀百花以为环。

众鸟嘤鸣其相和兮，

余独处乎巴比伦，

缀百花以为环兮，

临清流之潺湲。

（《温莎的风流娘儿们》第三幕第一场）

为爱忘畛域

为爱忘畛域，致触彼苍怒，

赤足礼圣真，忏悔从头误。

沙场有游子，日与死为伍，

莫以薄命故，甘受锋镝苦。

还君自由身，弃捐勿复道！

慈母在高堂，归期须及早。

为君炷瓣香，祝君永康好，

挥泪乞君恕，离别以终老。

（《终成眷属》第三幕第四场）

163

附录三　傻子在莎士比亚中的地位[①]

迫克（Puck）说："主啊，人类是一群多大的傻瓜！"（《仲夏夜之梦》，三幕二场。）《第十二夜》中的小丑说："傻气就像太阳一样回绕着地球，到处放射它的光辉。"（三幕一场）这两句话之为真理，大概是颠扑不破的。我不想多发表什么高谈伟论，因为每个聪明人都会说：这世界上傻气的事多过于聪明的事，越是聪明的人，干的事情越傻；现世界的统治者大半是些精神变态的狂人，而被统治者大半是些盲目的白痴……之类的话。我不敢承认自己是个聪明人，因此这些话还是保留不说为妙。本篇的题目，如上面所写出的，是"傻子在莎士比亚中的地位"。

所谓"傻子"，即fool，这一个名称在本文中一般的界说，是指宫廷中或贵族家中所畜养的以调侃打诨为事的弄人，他们的智力并不低于常人，有时或远过于常人；所以称之为fool者，大概因为他们只会信口胡说，嚼嚼舌头，而不会一本正经地用庄严的"无韵诗"讲话的缘故。莎士比亚既然常把fool和wise man并举，我想就把它直译为"傻子"或者还不算十分不妥。

在喜剧中间，这种傻子（扮演仆人的丑角等也属于这一类）的任务大抵不过是说说俏皮话，制造一些笑料而已。早期的莎翁作品里，这种角色都是极其浅薄无聊的。可是斐斯托脱（Feste）在《第十二夜》里，试金石（Touchstone）在《皆大欢喜》里，就占有相当重要的地位；尤其是后者贡献了不少的机智。可是我们也别忘记，《第十二夜》中的深刻的讥刺，那些高尚的人物，自作多情的公爵，"冷若冰霜"，然而见了一个小白脸就心里飘飘然起来的贵小姐，道貌岸然的清教徒管家，……没有一个不在发昏，而头脑始终清醒的，只有一个酗酒的托培叔父（Sir Toby Belch），一个雏形的福斯泰夫（Fastaff）和一个无足重轻的傻瓜。

① 此文乃朱生豪所作，原发表于《青年周报》第12—13期，1938年5月28日，6月4日。

但是在全部莎翁作品里面，《利尔王》（注：即《李尔王》）中的傻子要算是最著名的一个。在那篇伟大的悲剧中间，他所处地位的重要，使他成为全剧中不可缺的一个成分。当利尔被他的女儿所冷遇，发了疯而在暴风雨中狂奔的时侯，他的愤怒的詈骂，和那跟他一同出走的那"傻子"的嘲讽的感慨，以及含冤佯疯的爱特茄（Edgar）的装腔的鬼话，合成了一种奇怪的三部合奏曲，把悲剧的情调格外增强了。

把《利尔王》中的傻子作一个精密的分析该是一件颇有兴味的事，可惜这里没有机会。我们现在试把莎剧中的"傻子"分为几个类型：

第一是胡闹派，莎翁前期喜剧中的那些扮演仆人的丑角（他们虽然不是"职业的"弄人，对于他们的主人常处于"弄人"的地位），如《错误的喜剧》中的特罗米奥兄弟（Dromio Brothers），《维鲁那二士人》中的郎斯（Launce），《威尼斯商人》中的郎西洛脱（Launcelot）等，都可以属于这一类。郎斯对于他的狗的那一段独白，可以代表他们的风格：

> 呕，我到现在才哭好呢：我的一家都有这个毛病。我已经接受我的命运，像那浪子似的，要跟泊洛替厄斯大爷到皇宫里去。我想我那狗儿克来勃是条最没良心的狗了。我的妈泪流满面，我的爸吁声叹气，我的妹妹放声大哭，我们那丫头也号咷痛哭，猫儿也扭着她的手儿，一家门都弄得七颠八倒，可是这条狠心的狗简直不滴一点眼泪。他是块石头，全然是块石头，像条狗那样没良心。就是犹太人见了我们的分别也要哭起来；喝，我那老祖母，她眼睛已经瞧不见了，你瞧，也把她的眼睛哭瞎了。呕，我可以把那时的情形给你们看。这只鞋子算是我的爸；不，这只左面的鞋子是我的爸；不，不，这只左面的鞋子是我的妈；不，那也不对；——是的，对了，对了，那只鞋底（sole，与soul＝灵魂谐音）比较破一些。这只有洞的鞋子是我的妈，这是我的爸。他妈的！正是这样。好，老兄，这根杖是我的妹妹；因为怎瞧，她白得就像百合花，身材细得像根棒儿那们的。这顶帽子是我们的丫头阿南。这条狗算是我；不，狗就是他自己，我就是狗，——喔；狗是我，我是我自己；呕，对了，对了，于是我到我爸跟前："爸，您的祝福"；现在那只鞋子就要哭得说不出话来了；于是我吻着我爸；

好，他只是哭着。于是我到我妈跟前；——唉，要是她现在能够像个木头人似的，说句话儿就好了！好，我吻着她；喝，就是这样，我的妈就这么一口气透上透下呢。然后我到妹妹跟前；瞧她呻吟得多么沉痛。可是这狗儿就不曾滴过一点泪，不曾说过一句话儿；睁着眼睛瞧我涕泗滂沱。（《维鲁那二士人》二幕三场）

当然这种都是名副其实的傻子，他们除了胡说八道，说些似通非通的话，或者作些毫无意味的双关话（pun）以外，再没有别的本领。

第二类傻子也可以说是"哲学家"，他们是具有成熟的人生经验和智慧的玩世者，"用他的傻气作为盾牌，在它的掩护之下放射出他的机智来"。《皆大欢喜》中的试金石和《利尔王》中的"傻子"是最好的代表。"忧愁的哲学家"杰凯斯（Jacques）在林中遇见了试金石：

他躺着晒太阳，用头头是道的话辱骂着命运女神，然而他仍然不过是个穿彩衣（傻子的"制服"）的傻子。"早安，傻子。"我说。"不，先生，"他说，"等到老天保佑我发了财，您再叫我傻子吧。"（成语有"愚人多福"，故云）于是他从袋里掏出一只表来，用着没有光彩的眼睛瞧着它，很聪明地说："现在是十点钟了；我们可以从这里看出世界是怎样在变迁着；一小时之前还不过是九点钟，而再过一小时便是十一点钟了；照这样一小时一小时过去，我们越长越老，越老越不中用，这上面就大可发感慨了。"我听着这个穿彩衣的傻子对着时间发挥了这么一段玄理，我的胸头要像公鸡一样叫起来了，奇怪着傻子居然会有这样深刻的思想；我笑了个不停，在他的表上整整笑去了一个小时。啊，高贵的傻子！可敬的傻子！彩衣是最好的装束。（《皆大欢喜》二幕七场）

这种傻子，"他的头脑就像航海回来剩下的饼干那样干燥，其中的每个角落里却塞满了人生经验，他都用杂乱的话儿随口说了出来"。他们的所以甘心作"傻子"，是因为知道所谓"聪明人"者，也不过尔尔而已。"傻子自以为聪明，但聪明人知道他自己是个傻子。"傻子有任意放肆的特权，所以杰凯斯要希望做一个傻子：

准许我有像风那样广大的自由，高兴吹着谁就吹着谁，傻子们是有这种权利的；最给我的傻话所挖苦的，最应该笑。殿下，为什么他们必须这样呢？这理由正和到教区礼拜堂去的路一样明白；给一个傻子用俏皮话讥刺了的，即使刺痛了，要是不装出一副若无其事的态度来，那么就显出聪明人的傻气，可以给傻子不经意的一箭就刺穿，未免太傻了。给我穿一件彩衣；准许我说我心里的话，我一定会痛痛快快地把这沾病的世界的丑恶的身体清洗个干净，假如他们肯耐心接受我的药方。（《皆大欢喜》二幕七场）

可是做这样一个傻子，决不是一件容易的事。正像梵琊拉（Viola）所说的：

装傻装得好也是要靠才情的：他必须窥伺被他所取笑的人们的心绪，了解他们的身分，还得看准了时机；然后像不择目的的野鹰一样，每个机会都能不放松。这是一桩和聪明人的艺术一样艰难的工作：
傻子不妨说几句聪明话。
聪明人说傻话难免受人笑骂。（《第十二夜》三幕一场）

莎士比亚使用他的丑角，都和剧的背景相协调。感情主义（Sentimentalism）在《第十二夜》中表演着极重要的一角，因此该剧中的"傻子"斐斯脱也是一个具有那种倾向的人。他歌唱着"青春之恋"：

什么是爱情？它不在明天；
欢笑嬉游莫放过了眼前，
将来的事情有谁能逆料？
不要蹉跎了大好的年华；
来吻着我罢，你双十娇娃，
转眼青春早化成衰老！（二幕三场）

他歌唱着"失恋的悲哀"：

免得多情的人们千万次的感伤，
请把我埋葬在无从凭吊的荒场。（二幕四场）

可是在《皆大欢喜》中的亚登森林（Forest of Arden）里，在那边"虽然与世间相遗弃，却可以听树木的谈话，溪中的流水便是大好的文章，一石之微，也暗寓着教训"；公爵和他的从者们"逍遥自得地把时间消磨过去，像是置身在古昔的黄金时代里一样"。在这种悠然出世的环境中，"感情主义"是用不到的，因此试金石就是一个对于人生有许多古怪的观察，而能乐天知命的傻子；他的俏皮话不像斐斯脱那样近于幼稚，也不像《利尔王》中的傻子那样尖刻。他是一个受过宫廷教养的人：

我曾经跳过高雅的舞；我曾经恭维过一位贵妇；我曾经向我的朋友弄过手腕，跟我的仇家假装亲热；我曾经毁了三个裁缝，闹过四回口角。

他对于恋人们表示过"深切的"同情：

我记得我在恋爱的时候，曾经把一柄剑在石头上摔碎，叫那趁夜里来和琴四妹儿幽会的家伙留心着我；我记得我曾经吻过她的洗衣棍子，也吻过被她那双皲裂的玉手挤过的母牛乳头；我记得我曾经把一颗豌豆荚权当作她而向她求婚，我剥出了两颗豆子，又把它们放进去，边流泪边说："为了我的缘故，请您留着作个纪念罢。"我们这种多情种子都会做出一些古怪事儿来；但是我们既然都是凡人，一着了情魔是免不得要大发其痴劲的。（二幕四场）

他的最有名的一段"俏皮话"是关于"一句诳话的七种演变"，这里为着篇幅关系不再引述，读者可参看梁实秋《如愿》中的译文。

《利尔王》中的傻子似乎是精神上受到过某种迫害的人物，他的性格柔弱而易感，莎士比亚在刻画这一个配角的时候是用极其pathetic（我不知道怎样译这个字）的笔调的。"自从小公主（Cordelie）到法国去了之后，陛下，这傻子着实憔悴了呢。"利尔对于他的怜爱也是极值得注意的；他常常称之为"我的孩子"，"我的乖乖"。

> 来啊，我的孩子，你怎样啦，我的孩子？冷吗？我自己也冷着呢。……可怜的傻小子，我的心里还留着一块所在为你伤心呢。（三幕二场）

他是利尔的愚蠢的一面镜子，用他的尖锐而不缺少同情的讥刺使利尔认清他自己的面目。等到利尔了解了自己的错误之后，他的任务是企图用诙谐来慰解他主人的心理上所受的创伤，然而这是他的能力所不及的，利尔终于全然发了疯，而他也不再在剧中出现。

从"万事都不关心"的斐斯脱到"什么都懂"的试金石，再到《利尔王》中的那个带有几分辛辣味的傻子，可以代表三个不同的阶段；过了这个界限，便是愤世嫉俗一流了。《屈劳埃勒斯和克蕾茜达》（*Troilus and Cressida*）中的色雪替斯（Thersites），便以骂世者的姿态出现。

这一出并不"喜"的喜剧，其中的主要角色是我们所熟知的荷马史诗《依利亚特》（*Iliad*）中的人物，以屈劳埃（Troy）城被围而终于攻陷的事作为背景，叙述着一对屈劳埃恋人始恋而终离的故事。色雪替斯是一个"残废而粗俗的希腊人"，希腊将帅所豢养的一个专以谩骂为事的弄人。在他的嘴里，那些天神似的英雄都成为不值半文钱。奈斯脱（Nestor）是一块"老鼠咬过的隔宿的干乳酪"，攸力栖斯（Ulysses）是一头"雄狐"，哀捷克斯（Ajax）是一只"杂种的恶狗"，阿契尔斯（Achilles）是"同样坏的一只狗"，他们都是一群"狡猾的棍徒"，阿茄曼侬（Agamemnon）的脑子不过像"一粒耳垢那么大"，他们为了一只"乌龟"——曼尼劳斯（Menelaus）——和一只"婊子"——海伦（Helen）——而无事兴波，大动其刀兵，还有那头"年青的驴子"屈劳埃勒斯也会为了一个水性杨花的女人而神思颠倒；这一点都供给了色雪替斯谩骂的机会，"奸淫，奸淫，永远是战争和奸淫；别的什么都不时髦，身上有火焰的魔鬼抓了他们去！"

这样的人使我们记起了《暴风雨》中的卡力班（Caliban），他是一个浑浑噩噩不识不知的怪物，可是普洛士丕罗（Prospero）光临到他的岛上，教给他讲话，——

"我从这上面所得的益处只是知道怎样骂人；但愿血瘟病瘟死了你，因为你要教我说你的那种话！"

然而骂人的人终不过是一个傻子，因为世间的事是骂不胜骂的。

写到这里，我对于什么是傻子，以及怎样的人才是傻子，很觉得有些茫然之感了。

附录四　朱生豪译莎剧的原译本、修改本和校订本^①

　　朱生豪在上世纪三四十年代极其困难的条件下译出了莎士比亚的三十一个剧本，为几代中国读者亲近莎士比亚架起了桥梁，为我国的文化事业做出了杰出的贡献。朱译莎剧以其"译笔流畅，文辞华赡，善于保持原作的神韵，传达莎剧的气派"获得广大读者的喜爱和学界的高度评价。

　　目前文化市场上各种朱译莎剧的版本很多，但基本上都是经过或多或少的"修改"或校订的，包括现在最为"权威"的人民文学出版社的《莎士比亚全集》，朱生豪所译的剧本也都经过了方平、方重、吴兴华等前辈学者的精心校订。其他如裘克安、辜正坤、沈林、何其莘、阮珅、陈才宇等专家也都为朱译莎剧的进一步完善做出过贡献。

　　近些年来，一些人对"校订本"提出过各种不同的看法。我觉得，对于这些前辈学者所做的贡献，无疑是应当肯定和尊重的。朱生豪进行翻译时由于受到各方面条件的限制，各种瑕疵和疏漏肯定存在，加上可能是出于一些观念上的影响，删节的现象也比较突出，这些都在校订本中得到了改进，一些词句的调整也使译文对当代读者来说更加通俗易懂，因此现在的校订本是对朱生豪译莎事业的进一步提升和完善，这一点应该首先予以肯定。

　　当然，有得必有失，经过校订的朱译莎剧，也不能不留有一些缺憾，正如一些研究者提出的诸如语言风格不统一、为对现代读者"通俗"而削弱了原译文中使用语汇的丰富多彩性，以及一些可改可不改地方的"过度修订"的问题，甚至还有少数地方由于修订者对原文或原译文的理解不够全面而使修改后的表述反而不尽合理。一些读者由此产生了希望看到原汁原味的朱译莎剧原译本的愿望，去年国家图书馆出版社影印出版了朱生豪的全部译莎手稿，为全面显现

---

　　① 此文乃朱尚刚2013年写于嘉兴，是未修改版本，由朱尚刚本人提供。后经删减修改，发表于《中国莎士比亚研究通讯》2014年第1期，题名为《朱译莎剧的原译本和校订本》。

朱生豪的译莎原貌提供了重要条件，中国青年出版社最近出版的《莎士比亚戏剧朱生豪原译本全集》则可更进一步满足这一部分读者的需求。

1947年世界书局曾经以《莎士比亚戏剧全集》（第一至三辑）（下简称《全集》）出版了朱生豪除四个历史剧外的全部莎剧译作。从排印手稿上可以看出，当时的编辑对译文基本上未作改动，出版物和手稿也几乎是完全一致的，极少数几处改动估计是朱生豪夫人宋清如在对排印校样作最后校对时所改（若是编辑所改应该在排印手稿上有反映），当时朱生豪虽已患病，但尚未去世，一些重要的改动，应该是得到朱生豪首肯的。所以世界书局1947年版《全集》的二十七个剧本，是可以认定为朱生豪原译本的〔极少数漏校的排印错误（包括标点）等除外〕。

1954年，人民文学出版社以"作家出版社"的名称出版了朱生豪译的《莎士比亚戏剧集》（下简称《戏剧集》），收入了朱译的全部三十一个剧本。这套《戏剧集》虽然在"出版说明"中提到是"将这个译本略作必要的修订重新出版"以及"本书这次出版……在译文和注解方面，只作了很少的修订"，但并未以"修订本"或"校订本"的名义出版，因此读者和学界往往也把它认为就是朱生豪的"原译本"，甚至一些"校订本"也是以这个文本为基础的。但是实际上，这套《戏剧集》在出版的时候，所作的改动和"修订"还是相当多的。为便于叙说，在本文中对此姑以"修改本"称之。

修改本除历史剧外的二十七个剧本编辑排版时使用的是世界书局的排印本，没有用原手稿，所以手稿上没有留下改动的记录，若要分辨改动之处，需要花不少功夫仔细对照才能做到。世界书局版《全集》中没有收入的四个历史剧（《约翰王》、《理查二世》、《亨利四世》前后篇），宋清如曾向出版社提供了原译的手稿，并要求出版后寄回，可以看出上面留下了大量修改的痕迹。中国青年出版社出版的《莎士比亚戏剧朱生豪原译本全集》（下简称《原译本全集》）需要依据原始的手稿来还原，这就给编辑人员出了难题，因为朱生豪原来翻译的时候也有过一些涂改的地方，需要仔细鉴别手稿上哪些是"作家版"编辑改的，哪些是朱生豪自己改的；还有一些地方编辑改的时候把原来的文字涂掉了，很难辨认甚至完全无法辨认，那就需要根据上下文和莎剧原文来判断猜测，也有极少数地方被涂掉的原译文字实在无法还原，而对照原文后觉得"作家版"

改后的文字还是合理的，那就只能采用改后的文字，原译内容也许只能作为永久的存疑了，好在这样的情况只是个别的。

通过对原译本的编辑和甄别，可以看出1954年作家出版社的修改本和后来的多种校订本对于原译本所作的改动主要有以下一些情况。

一、增补朱生豪未译的内容

研究者一般都会发现，在朱生豪原来所译的莎剧中，确有相当多跳掉未译的句子甚至小的段落，有的学者使用了"漏译"的说法。其实我觉得从朱生豪的能力和工作态度来看，因不经意的疏误造成的"漏译"即使不是绝对没有，也只能是极少量的。未译出的句段较多的情况是一些他觉得属于"不雅"的文字，在不影响全剧意思连贯的前提下删掉不译了。这反映了当时他所属的那个社会阶层的普遍观念和价值取向。对于这样的处理方法，我们可以理解，但对于今人阅读领略莎士比亚的作品，这样处理还是不可取的。阅读有较多删节的朱生豪原译本，可以使我们对当年朱生豪所属类型的知识分子群体的思想状况和社会风气有更多的理解。但作为用以帮助国人走进莎士比亚艺术殿堂的译本，在校订的时候把这些删去的部分补全，无疑是应该充分肯定的。

另外，由于朱生豪从事翻译工作时条件极差，那时他仅有的工具书，只是两本词典——《牛津词典》和《英汉四用辞典》。既无其他可以参考的书籍，更没有可以探讨质疑的师友"，也不排除可能有少量在理解上确实不很有把握的地方，在翻译时做了简略处理。这些简略不译的部分，在1954年作家版的修改本中基本上没有做处理，后来的校订本基本上都补全了。这应该是各种校订本十分重要的贡献。

二、规整原译文使用的剧名以及人名、地名等专有名词

朱生豪生活的时代，近代中外文化的交流尚处在较早期的阶段，引进外国文化的先行者们，多按照各自的理解和习惯来翻译外文中的专有名词，一些人名、地名的译法比较随意，不同的译者译法也相去甚远。一些莎剧的剧名也并不都是直接意译或音译原来的剧名，而是根据剧情的内容加上一些中国化的成分进行"再创作"的。特别是一些原文以外国人名（或以人名为主）构成的剧名，"中国化"以后，我觉得还是有利于广大中国读者接受和理解的，如《黄金梦》《还璧记》《沉珠记》《冬天的故事》《血海歼仇记》等等，都凝聚了朱生豪

的心血和创意。经过几十年的发展，对于翻译外国专有名词的习惯用字，一些常见的人名、地名和莎剧剧名的译法已逐渐约定俗成，几乎是准"规范化"了。在这样的情况下，修改本，特别是后来的校订本，把朱译莎剧中的专有名词和剧本的名称，改为现在大家耳熟能详的译法，方便读者，避免不必要的混淆，是合理的。这次中国青年出版社的《原译本全集》中使用的仍是原来的译法，则是从保持译作的原貌（包括原剧名中的韵味），保护其文献价值的角度出发的。

三、改正原译文中的疏误

原译文中有一些地方确实是朱生豪翻译时产生的疏误，在这样一套洋洋巨著中，也是在所难免的。这和当时客观物质条件的限制有关，和青年朱生豪生活积累的局限有关，也跟整个社会对莎士比亚研究所达到的深度有关。进行校订的专家们根据他们的研究成果，有的还吸取了当代莎学和英语语言学的研究成果，对这些疏误加以改正，这也是顺理成章的。

例如，在《亨利四世后篇》第三幕第二场中，福斯塔夫称赞他所招募的士兵肉瘤时说："You see what a ragged appearance it is; a'shall charge you and discharge you with a motion of a pewterer's hammer."朱生豪的译稿中是：您瞧他的样子多么寒伧，可是他向你攻击起来，就会像涂镴工人的锤子一般敏捷。"pewter"（镴）是铅锡合金，即焊锡，过去有用来制作器皿（锡器）的，一般都是手工制作，要用小榔头敲制，制作的匠人也就是"锡镴匠"（pewterer）。另外，锡（或"镴"）还可以"涂"（其实是"镀"）在铁制品外面防锈，即所谓马口铁，朱生豪可能把"pewterer"理解成"涂镴"的工人了，但"涂镴"一般都是用电镀的，不大会用人工方法来进行，更无须用榔头来敲打，显然是误解了。所以修改本中把"涂镴工人"改成"锡镴匠"是合理的。

其他对误译或不够准确的译法所作的改进还有很多，但多比较零星，就不列举了。

四、因为校订者和原译者理解的不同进行的改动

"一千个读者眼中就有一千个哈姆莱特"，莎士比亚的作品博大精深，同一个内容，不同的读者和译者有不同的理解是很自然的事情。修改或校订者从自己的理解出发，对于某些地方的译文觉得不甚妥帖，因此按照自己的理解对译文进行更改，在此过程中可能没有也不容易对原译者的理解角度进行深入探究，

这样所作的改动其实多是属于"可改可不改"的，而且不同的校订者由于各人的理解不同，改后的表述也不一样，这些校订本身还需要在历史的长河中继续接受检验和校订。

如在《约翰王》第二幕第一场中，庶子菲力普在回答奥地利公爵"你是个什么鬼东西"责问时的台词中，有一句是"I'll smoke your skin-coat, an I catch you right"。朱生豪原来的译文是：要是我把您捉住了，我一定要把您的皮熏起来。因为smoke作为及物动词的基本意思就是烟熏，加上前面还有"持下您的皮来"（may catch your hide and you alone）的话，看起来理解成"把皮熏起来"还是顺理成章的。但是修改本中改成了"要是我把您捉住了，我一定要敲您的皮"。后来人民文学出版社的校订本也用了这一译法，当然是出于他们自己的理解。孙法理先生的译文中是"我若是捉住你，非得狠狠揍一顿那张兔皮"，也是把"smoke"作"敲打"解；但是虞尔昌先生的译文中是"我要是能把你捉住，我要把你打得叫你所蒙的皮儿尘灰飞扬"，这里对"smoke"的理解侧重在"打得尘灰飞扬"上，似乎在对"smoke"和"敲打"的理解之间搭了一座桥；还有的校订本是"要是我把你捉住了，我一定要剥你的皮"。不同的译者和校订者各有自己的解读，相信也是有各自的依据的。

五、因对原文或原译文理解不够而作的一些不甚妥帖的改动

有些地方，朱生豪原来的译文其实是不错的，修改或校订者其实并没有很好地理解，所作的改动就有点粗率了。

如在《亨利四世前篇》第二幕第二场的开头，波因斯向亨利亲王描述福斯塔夫气恼的状况，说"he frets like a gummed velvet"，朱生豪原来的译文是"他像一块黏在胶上的天鹅绒一般恼得不可开交呢"，作家版改为"他气得像一块脱了胶的毛茸茸的天鹅绒一般"。"gummed"这个词最"基本"的意思确实是"上了胶的"，也许新中国成立初期很少有人见过真的天鹅绒，想当然地以为是靠胶水把天鹅毛粘上去的，但既然是描述"frets"的状况，就把"上胶"改成了"脱胶"（否则就不用"恼"了）。后来人民文学出版社的校订本中，大概光注意到"gummed"译成"脱胶"不妥，却仍没有注意到"天鹅绒"和"胶"的关系，所以改成"上了胶的天鹅绒"。其实"天鹅绒"只是一种表面起绒的织物，并不是把绒或毛粘上去的。无论给天鹅绒"上胶"还是"脱胶"都是无法想象的事，此处确实还是朱生豪的原译更为合理。

六、将一些相对冷僻的词语改用较为通俗的用语

在修改和校订过的译稿中，特别是1954年作家版编辑所作的修改中，很明显有许多地方是用了更能顺应当代读者的语言习惯，较为通俗易懂的词语替代了原译文中一些当代读者不很熟悉甚至很不熟悉的词语。这个情况需要一分为二地来看待，一方面这能使读者容易阅读和理解，便于让莎士比亚为最广大的读者群所接受，也符合"文艺为工农兵服务"的基本指导思想。但是另一方面，若要在最大程度上转达莎士比亚的艺术精髓，同时也深入领略朱生豪译文的语言艺术，就多少会受到一些影响了。

我们知道，莎士比亚作品中所使用的词汇量在世界英语文学的作家中是首屈一指的。浩大的词汇量支撑了莎士比亚作品非凡的表现力，也是使莎士比亚作品成为经久不衰的艺术奇葩的重要因素之一。朱生豪的翻译业绩也是建立在他特别深厚的国学功底之上的，这其中也包括了他所熟练运用的超大的词汇量，使他能在传达莎剧的神韵和气派上运作自如。这也是朱译莎剧在经历了大半个世纪以后仍然为学界所推崇的一个重要原因。

实际上，在当代英语国家的民众中，能不借助任何工具或注释完全读懂莎士比亚作品的人恐怕也只是少数，因为多数人难以掌握像莎士比亚那样大量的词汇，特别是一些在当代已经较少使用甚至完全不用的词汇和表达方法。因此在英语国家，也有各种使莎士比亚作品通俗化的努力和做法，如加注、简写或改写等等。这些使莎士比亚深入最广大民众的努力，和鉴赏、研究原汁原味的莎士比亚作品一样，都是很有意义的工作，是对立统一、相辅相成的。

朱生豪翻译莎士比亚戏剧所使用的词汇，也超越了许多读者所能熟练掌握的范围。其中一些当代读者已经比较陌生的文言词语（或带文言色彩的词语），会给一些读者造成理解上的困难，但若是查一下工具书，都能得到明确的解释，不但有典有出处，而且会发现其表达的词义和韵味都恰到好处，非常贴切地转达了莎翁作品中的意境，该雅则可大雅，该俗则可大俗。我们不能要求每一位读者在阅读莎剧的时候都在手头放一本词典，边读边查。但若是能（必要时借助词典）细细读懂朱译莎剧中那些现在已经显得陌生的词语的话，会发现这也是一种很独特的艺术享受，更何况这些词语现在基本上都能够"百度"到，这

更为原译本走近广大普通读者提供了有利的条件。因此在这一点上，原译本和使用词语更通俗更当代化的修订（校订）本也是相辅相成的，各自有其存在的价值和合理性。

在《仲夏夜之梦》第三幕第二场里，仙王奥白朗有一句唱词"turns into yellow gold his salt-green streams"，这是个主谓倒装句，朱生豪的原译文是"青碧的巨浸化成了一片黄金"。这里用的"巨浸"这个词有点冷僻，意思是指大海、大河、大洪水等大的水体，清代黄景仁《望泗州旧城》诗中有："泗淮合处流汤汤，作此巨浸如天长。"原文的主语指的当然就是上文中海神Neptune所代表的大海，但是用了"his streams"，特别强调的就是大海的水面——波涛起伏，好像会流动一样，在单纯"大海"的意思之外增加了一些动态的感觉；而"巨浸"所表达的水体往往是动态的，可以流动的，因此比直接译为"大海"似更传神些，后来的校订本改成了"大海"或"波涛"，读者当然容易读懂了，深层的意思虽稍有逊色，也相差不多。改与不改，还是各有长短的。

在《亨利四世前篇》第四幕第一场里，霍士泼一上场就说"if speaking truth in this fine age were not thought flattery"，朱生豪的原译文是：要是在这苛察的时代，说老实话不至于被人认为谄媚……这里fine本是个褒义词，表示美好、精细等，而"苛察"这个带文言色彩的词意思是"以苛刻烦琐为明察"。说明按照译者此处对"fine"的理解，是说这个时期社会风气到了十分苛求的程度，"fine"过分了，"苛察"这个词在这里还是有其独特的表现力的。修改本大概没有意识到这一层"言下之意"，从"fine"是褒义词的理解出发，把"苛察的时代"改成了"圣明的时代"，意思就变了（也可能理解为反话，但读者不易体会到）。后来的校订本又改回了"吹毛求疵的时代"，意思和"苛察"很接近，但更容易理解，是改得很好的，不过"苛察"的原译文还是有其独特的韵味的。

除了一些文言词语外，朱生豪的译文还吸收了一些方言的元素（主要是他所熟悉的吴方言），如果说文言词语多出现于一些"雅"的场合，则方言元素就多出现在一些"俗"的场合了，这也增加了译文的表现力。

在《温莎的风流娘儿们》第一幕第一场中，福斯塔夫在乡村法官夏禄面前胡搅蛮缠，在夏禄指责他的许多不端行为后，福斯塔夫还强辩说"But not kissed your keeper's daughter?"，朱生豪译成"可是没有香过你家看门人女儿的脸吧？""香脸"在吴地方言中就是接吻的意思（严格地说，方言中应该是"香面孔"，所以这里只是"吸收了方言的元素"，以免和方言区以外的读者距离太远）。当然这种说法即使在吴地，也只在百姓的日常生活中使用，是不登大雅之堂的，用了这个方言词对于刻画福斯塔夫这个市井人物的性格特征确实恰到好处。校订本中把"香过"改为"吻过"，虽然意思不错，但这种韵味就少些了。

类似的译例，在全部朱译莎剧中还是很多的，朱宏达先生曾跟笔者说及："朱生豪有的原文比较文言，如'行''私函'，编辑改为'走''私信'，这是改得好的；编辑改动不好的也有，如'脸面'改为'面貌'，'鸟菲力普'改为'鬼菲力普'，'鸟'是骂人的话，符合莎士比亚戏剧俚俗的特色。"

七、对朱生豪译本中一些故意"作拗"的用语进行的改动

在朱生豪的译文和其他文学作品中，多有为了特定的目的将一些词语有意识地不按照常规的形式来表述。最典型的是在《暴风雨》第五幕第一场小精灵爱丽儿的唱词中"merrily merrily I will now"，译成"快活地快活地我要如今"。宋清如帮助他誊抄译稿时曾误把"我要如今"改成"我如今要"，其实是没有理解他故意这样"作拗"是为了音韵的协调并保持原文扬抑格四音步的结构。在我们对照朱译原稿和校订本的过程中，也发现有类似故意"作拗"而未被修改者和校订者理解的情况。

在《血海歼仇记》（《泰特斯·安特洛尼克斯》）第五幕第三场中，泰特斯的一句台词原译文是："那粗莽的维琪涅斯因为他的女儿被人行强奸污……"修改本和后来的多种校订本中也许觉得"行强"的说法不合汉语习惯，所以都改成了"强行奸污"，但若细分析之，凡"奸污"都是"强行"的，要是自愿的就谈不上"奸污"了，所以在"奸污"前加上"强行"似乎多此一举。实际上这里原文是："she was enforced, stained and deflowered..."显然原译文的"行强"对应的是enforced，就是"强暴"的意思，它和"奸污"是并列的关系，而非"奸污"的状语。

在《特洛埃围城记》（《特洛伊罗斯与克瑞西达》）第四幕第五场中，俄底修斯的一句台词，原译稿是"他们称他为特洛埃勒斯，在他的身上建立着未来的希望，足与赫克脱后先媲美……"，"后先"的用法，似乎又"拗"了汉语中惯用的"先后"这个词，因此在修改本和后来的多种校订本中也都改成了"先后"。但"先后"这个词在动词前面做状语时，往往表示的是两次进行该动作的时间顺序，而这里原文是"They call him Troilus, and on him erect a second hope, as fairly built as Hector"，显然这里不是前后两次进行"媲美"，所说的"后先"只是说明作为后生者（弟弟）的特洛埃勒斯足以和先生者（哥哥）赫克脱相媲美，之所以用"后先"而不用"先后"原本就是为了避免歧义，校订时改成了"先后"就不合适了。

在《量罪记》(《一报还一报》)第四幕第二场中，邦贝对狱吏说的一段台词，朱生豪原来是这样译的："老爷，我做一个偷偷摸摸的忘八也不知做了多少时候了，可是我现在愿意改行做一个当当官官的刽子手。我还要向我的同事老前辈请教请教哩。"原文中"偷偷摸摸的忘八"和"当当官官的刽子手"分别是"unlawful bawd"和"lawful hangman"，二者的定语原意分别是"非法的"和"合法的"。考虑到说话人的身份特性，前者译成了"偷偷摸摸的"，而作为刽子手尽管地位低下，总归也是官家的人，是"公务员"了，所以译成"当官的刽子手"是符合说话人的思维方式的。译文又进一步故意"作拗"，采用了读起来很不通的叠词形式，一方面和上面的"偷偷摸摸"相对应，有一定的排比效果，另外义止好体现了邦贝没有文化却又刻意卖弄出丑的状态，我觉得这是一处妙译。修改本和校订本中改为"正正当当的"或"堂堂正正的"，语言虽然规范了，意思出入也不大，但上述的效果也就没有了。

这次出版的《原译本全集》，对于发现的原始翻译手稿中的少量笔误（包括标点）或世界书局版《全集》中少量未校出的排印错误，在经过仔细认定后，都予以改正了，其中有些更改，还是挺经过一些周折和反复的。例如在《黄金梦》(《雅典的泰门》)第三幕第六场中，泰门咒骂那群忘恩负义的朋友："You fools of fortune, trencher-friends, time's flies, cap and knee slaves, vapors, and minute jacks..."朱生豪把这里的"minute jacks"译成"幺麽小丑"，意思是"微不足道的坏人"，这个表述是十分贴切的。但是手稿上的"麽"字写得有点潦草，很难分辨这个字到底是"麽"还是"魔"，偏偏"幺麽"这个词又比较冷僻，许多人都不知道，因此世界书局的编辑把它认作"魔"字了，结果世界书局版的《全集》和作家版的《戏剧集》上都成了"幺魔小丑"，后来人民文学出版社的校订本纠正了这个错误，恢复成了"幺麽小丑"，还是很有水平的。译林版的校订本改成了"跳梁小丑",意思和原来有些差别,不过比较通俗,读者容易接受。这次的"原译本"自然就仍还原成"幺麽小丑"了。

《原译本全集》对于当时因为各种局限而产生的误译、漏译等情况均未作处理,仍以原貌呈现给读者,所以这并不是一个最完善的译本——那有待于更完美的校订本的出现。但正因为它最大限度地包容了朱译莎剧的全部优点和瑕疵,能让人们读到一个真实完整的朱生豪(他的生命已经融入这部译著中了),为今人研究朱生豪及其所代表的那个时代和那一代译人的翻译方法、翻译理念和翻译成果提供了第一手的资料,所以有着独特的文献价值和艺术欣赏价值。

由于笔者才疏学浅,对莎剧和莎剧翻译的认识只能触及些皮毛,这次把在参与原译本审订过程中的一些很不成熟的零星体会在这里罗列一下,除了希望得到专家们的批评指正外,还希望能起到一个抛砖引玉的作用,引起学界对于朱生豪原译本研究的兴趣,希望新一代的学者们能在这个领域不断取得新的进展。

近些年随着学界对于朱译莎剧原译本和校订本讨论的开展,对于新的更理想的校订本的需求也应运产生了。既能达到校订的目的,又能弥补现有校订本的不足,既能全面地纠正朱生豪原译本中的缺漏,又能最大限度地保存朱译莎剧的原貌和神韵,对于可改可不改之处尽量不改,对于改动的地方也有明显的标记和交代,这是我对新的校订本的基本要求。令人欣慰的是,陈才宇先生已经在做这个工作了,由于三十一个剧本的校订和其余剧本及莎翁全部诗歌的翻译都由他一人完成,也克服了现有校订本由多人合作进行而造成的语言风格有差别的缺憾。预计新的《莎士比亚全集》将在明年面世,这是对莎士比亚诞生四百五十周年和朱生豪逝世七十周年的最好的纪念,我对此充满期待!

附录五　宋清如和彭重熙来往书信

此文收录宋清如和彭重熙在1983年11月到1997年4月之间的来往信件，其中大部分内容都与朱生豪有关，由朱尚刚先生整理。

1983年11月21日彭重熙致宋清如

清如同学：

别来五十年矣余于四八年离苏入蜀在内江工作忽忽三十余年之江同学都已音问久隔只金述贤一人在成都时得叙晤近在他处看到母校同学录始悉你的地址月初我出差来苏今试投此函未知能邀　清览否

朱朱①以天捷之才不幸早逝甲戌春（一九三四年）朱朱尝贻我芳草词撷一卷辑当日吟侣八人之词五十六阕此为其手迹弥足珍贵我至今保存未失朱朱另有古梦集②一卷不知尚在否如亦能保存未失真思再一览其手迹也

余在苏尚有十余日勾留此函如能得回至颇思前来一晤现母校旧同学别无能访问一谈者矣

此颂

秋祺

彭重熙手启

十一月廿一日

---

① 朱生豪早年多用笔名"朱朱"。

② 《古梦集》是朱生豪自己选辑的旧体诗集，另外还有旧体诗集《小溪集》和新体诗集《丁香集》，均在日本侵略的战火中被毁。

1984年3月15日彭重熙致宋清如

清如学姐：

接奉手书，亦已匝月矣。寒冬萧瑟，幸玉体无恙，深慰远念！熙以天寒手冻，词撷一卷，近方抄存，现将原本寄奉。扉页四字，系心叔①所书。此卷熙七八年返里时，已为侄儿翻面作抄本，幸未破损。五十年后归你所有，其离合非偶然也。

抄示词三首，颇见家国之感及对离人真挚之情。抗战初熙随舍中入蜀，居万县三年，今水调词中有"一片锦江水"之句，想你其时是在成都。离乱中我与生豪未能通音问，至四一年返沪，才得重晤。

……

熙近年来虽在工作，清闲时间较多，退休后则拟迁居宜宾，到时函告。

春风多厉，诸维珍卫！时因风使，惠我好音。

顺颂

阖第安吉！

重熙

一九八四年三月十五日

1984年10月24日宋清如致彭重熙

重熙学长：

您好！

承蒙割爱寄下《芳草词撷》后，一直没有草书道谢，至为失礼，务祈恕我疏懒！

今年上半年，嘉兴市文化局方面，曾表示在年底给生豪开个纪念会，但日期并未确定。我想请您把悼念生豪的那阕《金缕曲》，用尺余见方的白纸再抄写一遍寄下，以便在开会时陈列。原因之一是您的大笔，也值得我们纪念。

---

① 心叔系任铭善的笔名，任是朱、宋、彭的同学和好友，极有才学，诗作颇多，后以文字学研究见长，惜在反右派斗争时蒙冤，"文革"中去世。

关于莎氏全集的出版问题，至今仍杳无音信。最近我已直接去信联系，并商洽购买几部。等书到之后，一定立刻寄上。

下列几个问题，希您不吝指教：

一、《芳草词撷》中"希曼"同学，我未见过。未知是何姓名，现况若何？

二、生豪在之江期间，交游不广，您是他少数知己之一。关于他那时的生活、思想、学习以及在各次学生运动中的情况，在当时老师同学中的印象等等我都不甚了解，希望您就回忆所及，尽可能介绍一些。

我自从退休以来，对世俗人事，早已心灰意懒，何况荣辱贫富，向不介意。但因最近有些人们，鼓励我写一点回忆材料，给生豪留些痕迹。手边虽还留有生豪手书若干，但并不全面，写起来也还存在困难。现正着手起草，如果遇有问题，还想请您指正。

时光易逝，又将年终，甚盼您明年东归，再作小叙。

舍间情况，尚属平安。小孙朱之江，今年秋季去杭州读外语学校初中。儿媳们时劳往返，家里多少冷静一些了。

祝您

阖府安康

学妹清如

一九八四年十月二十四日

1985年5月26日彭重熙致宋清如

清如学姐：

久疏音问，甚念！

我本拟四五月间再次返乡一行，近因体力日衰，一人惮于远行，爰应重庆表弟之约，延至八月初作伴同行，成行时当再函告。

几个月来虽未得来书，但由于您的介绍，嘉兴日报陆明及杭大外语系吴洁敏都来了信。陆君一月廿五日来函称：（附有嘉兴日报报道您的短文）收集了些关于朱生豪的材料，打算写传记。因所谈较泛，致未作复。二月十八日吴洁敏的信写得十分恳切，也说在进行写生豪的传记，提出了好些问题，收集的材料及了解的情况比较深入，对提出的问题要就我所知详细作复，真像出题考试一般使我不能不复。第一信问我有没有生豪的照片，本来我是保存了一张的，生豪送我时题有《蝶恋花》词一阕，万惜这张照片已于"文革"中抄去，现在未能索还。第二信则称已另找到生豪的照片两张，真是难能可贵。第一信提的问题中有关于吴佩华、王守伟①等的，可能是在您处了解到的。第二信中说，写传记时写一段寄一段给您过目，我提供的材料，有不恰之处，删削可也。我已于今年一月退休，仍住厂内，但很多时间是在宜宾清寰处盘桓。成都的老同学金述贤因心肺病已于去年十二月病逝，去年我是常去成都的，现在去是无人可会了。

您身体谅好，希多保重，近况如何？能不吝示我数行否？传记在最近能否写成？

此颂

阖第安吉！

重熙

五月廿六日

1987年11月10日宋清如致彭重熙

重熙学兄：

久失问候，谅多佳胜。

最近嘉兴市文化部门（博物馆、图书馆、文化局）多次建议将生豪遗存译稿、文献由彼方妥善保管，以免日久湮灭。并定于本月十七日下午二时举行交接仪式。确切日期，昨午始正式决定。据称市领导对此颇为重视，拟邀请生豪生前友好、亲戚，以及有关人员（如秀州、杭州商学院及之江同学会代表等参加）。窃意生豪友好，多已作古，惟学兄近在苏州，未知能否光临？倘蒙不弃，请即示知！

今年九月初，因患乳腺癌，在嘉兴市一院进行割除根治手术。创深痛剧，至上月下旬始能出院，至今体力仍未完全恢复，惟日常生活，基本可以自理。

---

① 吴佩华、王守伟，均系之江同学。

一切尚属顺利，诚不幸中之大幸。

　　敬祝

健康安乐

学妹清如谨上

十一月十日

1988年11月3日宋清如致彭重熙

重熙学长：

　　您好！

　　久未问候，祈谅！

　　今年五月，《新文学史料》编辑黄汶曾来嘉兴，约我供给关于朱朱的材料。那时我恰在杭州，无以动笔。七月回到嘉兴后，又以天气苦热，懒得难以应付，直至八月底才算脱稿寄去。该稿内容，不过堆砌一些手边资料，毫无新意。开头部分，首先我就用了您的大作《金缕曲》（悼朱朱），用意是表明他的诗人素质，后来的致力翻译，并非本意，同时也为了尊重你们的友情。希望您能原谅我的"先斩后奏"！

　　最近接黄汶来信，说是要把该稿突出译莎部分，对有关"生平"的篇幅加以压缩，也许明年第一期（《新文学史料》系季刊）可以刊出。黄汶听说我还保留有朱朱的信件，希望我能整理出来交给他们。但我总还拿不定主意。因为那些残存的信件大部分是空洞的，其中有关译莎的部分，已经全都引用在那篇"史料"里，还有一些关于读书的看电影的零星杂感，时过境迁，也没有多少意义。他自己就曾经说过："我最不合适做一个批评家，因为所持的观点，很快就放弃了。"（大意如此）还有一些纯粹属于个人生活、情怀的诉述，更没有公开的价值。为此，我决定不下"整理"的原则、范围。很想听听您的意见！

　　据说今年某期《词学》刊物上，刊出了朱朱的二十首词，是朱宏达他们收集交去的稿子。其中包括《芳草词撷》的十二章以及《八声甘州》等，由朱宏达加以笺释，并有对您和任铭善、张荃的介绍。该刊由施蛰存主编。我没有见到刊物，据说只印了二千册，所以一下就没有了。朱宏达说要设法给我搞一本。

如果真能弄到，我一定寄给您看。

最近朱宏达特地送来一本《杭大校史通讯》，嘱我寄给您，希检收！

我自去年手术以后，目前体质基本恢复。但走的总是下坡路。小孙朱之江，患肾盂肾炎，为了争取早日全愈，现在服中药，我特来杭州照顾。也许本月底或下月初才回嘉兴。如蒙赐复，请函寄"杭州文一街翠苑新村西2幢82号302室"。这里是学校给我安排的临时住所。

祝您

健康

宋清如

1988年11月3日

1990年1月3日宋清如致彭重熙

重熙兄：

新年好！

日子过得真是快，好久没有给您信，该道歉的该是我。为了一切说不清的原因，我一直不敢作出邀请您来禾的计划。惟有请您原谅。

去年春天，我去杭州只住了一个月光景，就回到嘉兴。《新文学史料》的编辑要我再整理部分生豪的遗札，我记得是在六月左右交卷的。直到十一月，他们才通知我，准备分两次刊出，但至今未见寄来校样。究竟怎样安排，非我所知也。

《词学》第六期，曾由施蛰存老先生寄给我一册。原拟在您来舍后给您看的，不意您已得先睹了。

朱、吴伉俪转辗求得张荃诗词遗作，并拟为作注解或年谱之类，向我征求资料。我因相处不久，所知不多，无法应命。俟您来舍后，展诵之余，也许能给他们一些帮助。

最近一段时间，多次接待过有关了解朱生豪的客人。说实在话，我所能介绍的，确无任何保留，而且多次介绍，只是老生常谈，反复炒冷饭。很希望您能写一点东西，作为对老友的纪念。因为您跟他相处的日子较久，相知较深，而且是唯一的知友了。

您还记得黄源汉①吗？她和颜泽夔现在北京，有五个子女。最近她信上托我向您问候。

……

文振弟渴想回乡，终难如愿。听说患有胆石症，近拟春暖后动手术。但愿一切顺利。

祝

健康愉快

清如
1990年1月3日

1990年2月27日彭重熙致宋清如

清如姐：

奉读手书，欣悉近况安好，深慰渴念！苏禾相距不远，以年老体衰，叙晤一次，竟如此艰难，春暖后三四月间，当促其实现，至时当先函告。

生豪遗札，能整理后出版，自属可喜，朱吴伉俪，已收集苏篯遗作，亦拟为之出版。我虽与苏篯同窗三年，但对其情况，了解不多，如为其作年谱，对提供资料，亦难以应命也。

令孙以成绩优异，已定保送入北京外语学院，祖荫父泽，以英语传家，可喜可贺！黄颜两位老学友住在北京，我对他们的印象是比较深的，那里会记不得呢？

最近我收到范晓华来信，他信中说想为您写传记，因此来信向我征集材料，我拟即复他一信，大意是我拟四月中旬来禾，至时可在您处面谈。

此书请原谅，事实上是此书前两段春节后就写了，中断搁笔后竟至今天才续书，真是太不该了。春节后很长一段时间，天气不好，情绪不免大受影响。今天见到阳光，情绪也就好些。您这段时间身体谅还健好，我什么时候来禾对

---

① 黄源汉（又名黄元汉）和颜泽夔夫妇都是朱、宋在之江大学的同学和好友。

您比较方便，由您决定也完全可以的。余俟面叙。

此颂

春祺！

弟重熙手上

二月廿七日

1993年4月12日彭重熙致宋清如

清如姐：

前以久不得回简，十分疑虑！二月杪奉读来书，承悉您果然病了一场。本来病已不轻，又被误诊，几遭不测。幸而您的生命力还顽强，因此在抢救后得以还苏，真是太危险了！多寿虽不一定是多福，但还望善自珍重。思想上精神上能取得平衡，是健康的很大要素。人生是苦是乐，本来是难有定论的。

关于生豪遗书是否整理及发表的问题，生豪的思想境界，当然您比我了解得更真切，他是一年中难得有几十天说上几句话的人，给您的长信，只是与知心人才说的知心话，自不足为外人道。因此他本人的意思可以想见。但事情已过去了半个多世纪，在当前的情势下发表与否，不致有多大危险，因此我认为，您既已对此做了很多工作，何必半途而废。

六十年前我们正都在秦望山头，我因为认识了您，对黄源汉就有了个较深的印象，现在承她再次殷勤垂问，使我十分感谢！也只有请您给她信时，或给令孙之江信时，传致我对她问好之忱！

……

您大概已回嘉兴了吧？老年人在生活上别无他求，能得清静，不受干扰就好了，您近来的情况还好吧？念念！

祝

健康！

熙

4月12日

1993年12月16日彭重熙致宋清如

清如姐：

半年余未通音讯，深为悬念！比维玉体清健，诸事顺遂，为颂为祷！熙去冬去黄州时本拟今年七月返苏，至时未能成行，延至九月初方重返故里。回苏后展读您去冬十二月廿二日来函，方悉嘉兴市府当时即有修复生豪故居计划，今已荏苒周年，已动工完成否？生豪遗书已否出版，亦在念中。近况如何？希见示以慰积想！

比来自感体力日衰，此自是不可避免的规律，明春天气回暖后拟尽力来禾再谋一晤。寒冬季节，希诸维珍重，临颖神驰，余不多渎。

敬祝

新年快乐！

健康长寿！

弟　熙

12月16日

1997年2月25日宋清如致彭重熙

重熙学兄：

接读一月三日大札，得悉贵体违和，想必早已康复健旺，为颂为祷！

来信展诵再四，颇感亲切，亦深感慨。岁月不居，迟暮之年，日见衰惫，回首往昔，未免怅惘。世事沧桑，运命不济，过眼烟花，实亦无足重轻矣。当年友好，惟元汉、泽夔伉俪健在。小孙之江在京读书期间，曾蒙多所照顾，情深谊厚，延及子孙，弥足珍贵。

最近本市秀州书局（系市图书馆所办）负责人便中来舍间查询生豪所选《唐宋大家词四百首》以及《芳草词撷》，拟代付印。所谓《唐宋大家词选》婚后曾由我用毛笔抄写成册，生豪有一专论，阐述词学渊源，以及历代风格之流变。该文早已佚失，无从查考。窃谓此文之于《词选》，犹如骨肉相附，不可或分，且亦未加注释，当即婉辞谢绝。至于《芳草词撷》，彼意作为文物刊印，以免湮没。惟窃思此卷系君所转赠，未便擅自作主。用特专函奉告，至希提出意见。若蒙同意付印，请即撰写序言，以便读者探究。该稿卷首选有"希曼"作品，我因入学较迟，不识希曼为何许人。来示中甚希能告知一二。该书编者，拟由生豪署名，是否有当，亦盼见示！

元宵已过，寒气渐淡，今冬又能平安度过，深自庆幸。

不尽欲言，诸希保重！

祝

安好

清如

二月二十五日

1997年4月3日宋清如致彭重熙

重熙兄：

您好！

三月六日信早已拜读。

日前书局（该书局系本市图书馆主办）范晓华又来联系，余示以来示。彼对所谓唐宋大家词未置可否。至于《芳草词撷》则谓采用电脑扫描彩印，完全可以保留笔记格式，作为文物保存。窃意唐宋词选坊间已有多种，如无特色，诚无刊印价值。且印行目的，旨在销售，书局亦不敢轻易接受。而《芳草词撷》少量影印，主要为保护文物起见，故书局热忱敦促。

为此，恳请撰写序言，以冠首页。因此集系君所转赠，写作当时，感受想亦较多。且以迟暮之年，健在者（除希曼君情况不知外），今者，惟君与鄙人耳。回首当年，非君莫属。务希不吝珠玑，告慰泉下。

其中文振于1993年秋辞世，虚年80岁。90年后由施蛰存见赠《张荃诗文集》一册，系台湾出版，始悉张君已在1959年三月逝世于马来亚吉隆坡。大概1980年左右，在沪上偕元汉同访郑天然在沪时旧居，遇其长子，得悉郑君亦已于1975年在港去世。

往事依稀，难以言传。措辞杂乱，幸勿见笑！

　　敬祝

健康愉快

清如

四月三日

后　记

　　作为新嘉兴人，之前我对于朱生豪先生除了译莎之外并没有太多的了解，直到2016年那个春光明媚的午后，走进位于梅湾街的朱生豪故居，看到了那本小小的《牛津词典》，迄今为止依然清晰地记得生于内心的震撼。在那样一个颠沛流离的时代，朱生豪先生仅凭这样一本《牛津词典》译出了至今脍炙人口的中译本《莎士比亚戏剧全集》，令人钦佩。

　　朱生豪先生并不像中国的20世纪初的许多文化名人有留学背景，却肩负起西方文化引进的重任，在三十二年的生命历程中，他以自己的语言素养和文学才华译出了莎剧。他生于嘉兴，逝于嘉兴，是真正的嘉兴地方现代文化名人。用最客观的史料证据，还原朱生豪的一生，或许是对他最好的纪念形式。

　　在《嘉兴日报》记者许金艳的热心帮助下，2018年秋，我第一次与朱尚刚先生取得了联系。朱尚刚先生是朱生豪的独子，兼中国莎士比亚研究会名誉理事、朱生豪故居管理所名誉所长。退休后，他一直致力于父亲生平作品的搜集整理，撰写出版了大量相关的著作。在本年谱的写作中，朱尚刚先生毫无保留地将多年来所搜集的宝贵资料提供给我，这种信任令我感动。在他的大力相助之下，这本年谱的编撰最终得以完成，借此向朱尚刚先生表示诚挚的感谢！

　　老实说，编撰年谱是最花功夫的。我在资料的选择和铺陈中几经困惑，多次抛却自我感性的陈述，据实考订，查核文献，尽量不用空洞之言，最终形成了这本年谱。感到遗憾的是，朱生豪生逢乱世，关于他的资料极其稀少，他生命历程中的更多细节都源于他与妻子宋清如的通信，有些细节只能大致推断，难免有所疏漏，有些材料的编排可能存有细节处的瑕疵，还有些未尽事宜不能深究下去，还请读者见谅，也欢迎批评指正。

　　最想说的是，决定撰写《朱生豪年谱长编》，并非专业的需要，而是源于对朱生豪先生的敬仰之情。朱生豪的译莎成就、诗词写作、与妻子宋清如甜蜜的爱情，包括宋清如本人的诗书才气与高洁品格，都让我钦佩不已。尤其是朱生豪在译莎中那种勤奋高蹈、忘我投入的精神品格，是值得我用一生去学习和追随的。

朱生豪先生和宋清如女士的人格魅力在此将化为文字的踪迹，最终成为永恒。

汪　娟

2019年秋于嘉兴城南海上家园居所